阳明心学

——老刘讲《传习录》（中）

刘长志 著

中国财富出版社

图书在版编目（CIP）数据

阳明心学：老刘讲《传习录》．中／刘长志著．—北京：中国财富出版社，2019.12

ISBN 978－7－5047－6509－3

Ⅰ.①阳…　Ⅱ.①刘…　Ⅲ.①心学—中国—明代 ②《传习录》—研究　Ⅳ.①B248.25

中国版本图书馆 CIP 数据核字（2019）第 291184 号

策划编辑　刘　刚　宋江伟　李小红　**责任编辑**　齐惠民　宋江伟　李小红

责任印制　梁　凡　**责任校对**　卓闪闪　**责任发行**　董　倩

出版发行　中国财富出版社

社　　址　北京市丰台区南四环西路 188 号 5 区 20 楼　**邮政编码**　100070

电　　话　010－52227588 转 2098（发行部）　010－52227588 转 321（总编室）

010－52227588 转 100（读者服务部）　010－52227588 转 305（质检部）

网　　址　http://www.cfpress.com.cn

经　　销　新华书店

印　　刷　北京京都六环印刷厂

书　　号　ISBN 978－7－5047－6509－3/B·0556

开　　本　710mm×1000mm　1/16　**版　　次**　2020 年 3 月第 1 版

印　　张　15.5　**印　　次**　2020 年 3 月第 1 次印刷

字　　数　262 千字　**定　　价**　52.00 元

目录

答陆原静书

又

答欧阳崇一

答罗整庵少宰书

答聂文蔚

二

训蒙大意示教读刘伯颂等

教　约

钱德洪[①]序

【原文】

德洪曰：昔南元善[②]刻《传习录》于越，凡二册。下册摘录先师手书，凡八篇[③]。其答徐成之[④]二书，吾师自谓："天下是朱非陆，论定既久，一旦反之为难；二书姑为调停两可之说，使人自思得之。"故元善录为下册之首者，意亦以是欤?

今朱、陆之辨明于天下久矣，洪刻先师文录[⑤]，置二书于外集者，示未全也，故今不复录。其余指知、行之本体，莫详于《答人论学》与答周道通、陆清伯、欧阳崇一四书；而谓格物为学者用力日可见之地，莫详于答罗整庵一书。平生冒天下之非诋推陷，万死一生，遑遑然不忘讲学，惟恐吾人不闻斯道，流于功利机智，以日堕于夷狄禽兽而不觉，其一体同物之心，譊譊终身，至于毙而后已；此孔、孟以来贤圣苦心，虽门人子弟，未足以慰其情也；是情也，莫详于答聂文蔚之第一书。此皆仍元善所录之旧。

而揭"必有事焉"即"致良知"功夫，明白简切，使人言下即

---

① 钱德洪：本名宽，字德洪，后改字洪甫，号绪山。浙江余姚人。王阳明的学生，是王阳明之后儒家心学的重要代表人物之一，与王畿齐名。

② 南元善：南大吉（1487—1541），字元善，号瑞泉，今陕西渭南人，王阳明得意弟子之一，著名学者。性豪宕，雄于文。后罢官归乡，以讲学为业。

③ 八篇：王阳明的八封信。即《答徐成之》两封，《答聂文蔚》的第一封，以及《答人论学书》《答周道通书》《答陆原静书》《答欧阳崇一》《答罗整庵少宰书》。

④ 徐成之：徐守诚，字成之，绍兴人。

⑤ 文录：指《阳明先生文录》。

得入手，此又莫详于答文蔚之第二书，故增录之。元善当时汹汹，乃能以身明斯道，卒至遭奸被斥[①]，油油然惟以此生得闻斯学为庆，而绝无有纤芥愤郁不平之气。斯录之刻，人见其有功于同志甚大，而不知其处时之甚艰也。今所去取，裁之时义则然，非忍有所加损于其间也。

【老刘说】

钱德洪，即绪山先生，浙江余姚人，和阳明先生同乡，是先生的高第弟子，也是王门授业师之一。能授业说明已经掌握了王学的精髓。钱德洪修身水准很高，人品也非常好，早年以授徒为业。明正德十六年（1521），阳明先生回乡，德洪率侄子门生七十四人迎请于中天阁，拜阳明先生为师。

孔子评价曾参“鲁”，阳明先生评价钱德洪“沉毅”，“鲁”和“沉毅”都是说一个人反应不太灵敏，不太聪明。曾参参透孔子的一贯之道，著述《大学》。《大学》中讲的“格致诚正”，核心是个“诚”字。阳明先生说，“诚”就是“吾道一以贯之”的“一”，亦是“人心惟危，道心惟微，惟精惟一，允执厥中”的“一”，“一”就是良知。

嘉靖七年（1528）冬，钱德洪赴京殿试途中得到阳明先生病逝讣告，立刻弃考，返身料理阳明先生后事，并守墓三年。后因依法判定武定侯郭勋死罪而被捕入狱，在狱中，他给王畿写信，认同王畿的见识。并说自己亲历了生死劫难后，豁然省悟。

嘉靖二十二年（1543），钱德洪四十八岁出狱，被削职为民，此后二十多年游走各地讲学。讲学足迹遍及浙江、江西、广东、安徽、湖北、江苏等地，组织编撰出版阳明先生的文集。

钱德洪此人，是值得钦佩的。

钱德洪作序，交代了一下《传习录》（今本的《传习录上》和《传习录中》）成书的前因后果。德洪说，南元善当年在浙江刻印的《传习录》有上下两册，下册有八篇阳明先生的书信，其中有两篇是《答徐成之》。当时的形势是，大家都认可程朱理学，觉得程朱理学是最权威的，而非议陆学，舆论属于一边倒。这种情况下，阳明先生不得不写书信来调解这两种学说间的争论，目

① 遭奸被斥：南大吉为官期间，得罪豪强，遭受排挤，终被罢官。

的是引导大家反思，让大家通过思考来获取真知，向心学方向靠拢。现在程朱理学和陆王心学的异同很多人都已经知道了，认可陆王心学的人越来越多，所以这两封书信就没有必要再收录到《传习录》了。

关于“知行本体”方面，《答人论学书》《答周道通书》《答陆原静书》与《答欧阳崇一》四封书信说得最清楚了，所以录入。《答人论学书》是写给顾东桥的，顾为阳明先生嗜好辞章时的好友。南元善刻印《传习录》的时候顾东桥还在世，不好直呼其名，所以这样写。

至于格物、修心和求学者下功夫的具体方法方面，《答罗整庵少宰书》是最详细的。

阳明先生冒着天下人的非难诋毁，历尽艰难险阻，九死一生，仍坚持弘道，一个根本目的就是想恢复儒学本来的面貌，正本清源，以免后来的读书人“流于功利机智”，内外分离，陷入功名利禄之中，尔虞我诈，人性渐失，堕落得像愚昧之徒和禽兽一样而不能自我察觉。

如果人人都只注重追求外物，那么人与人之间的伦理道德就会逐渐淡化，社会就会趋于只讲功利、不讲人性，丛林法则盛行，这是我们所不愿意看到的。

阳明先生一辈子辛劳，孜孜以求，诲人不倦，直到离开这个世界之前，都一直在矢志不渝地坚持做这件事情。这番苦心，在《答聂文蔚》中讲得非常清楚。

而阐述“必有事焉”和“致良知”功夫方面，没有比《答聂文蔚》第二封讲得更清晰详尽的，所以增录了进来。

以上这些封书信是由南元善收录的。当时南元善的上官是朱熹的追随者，因此对南元善讲心学非常不满。南元善没有因为上官的不满而止步不前，反而逆风而行，“虽千万人，吾往矣”，直至被陷害罢官。

即便如此，南元善也未对阳明先生产生任何怨恨，依旧矢志不渝地弘扬心学之道，他对阳明心学的传播和发扬光大是有大功的。

钱德洪先生最后说：“我现在对元善版加以取舍，不是因为有什么新的见地，而是因为现在形势不一样了，不得不对它做一些增删而已。”

答顾东桥书[①]

【130】
儒学根本在诚意

【原文】

来书云："近时学者务外遗内，博而寡要，故先生特倡'诚意'一义，针砭膏肓，诚大惠也！"

吾子洞见时弊如此矣，亦将何以救之乎？然则鄙人之心，吾子固已一句道尽，复何言哉！复何言哉！若"诚意"之说，自是圣门教人用功第一义；但近世学者乃作第二义看，故稍与提掇紧要出来，非鄙人所能特倡也。

【老刘说】

阳明先生给顾东桥先生回的第一封信，开篇肯定要往上抬一抬，这也是应对人情事变的基本做法，先礼后兵，不能直接就说别人的不是。

"务外遗内"的意思是说，注重做事，而不注重内心的修养；流于外求，把内心的修养忘了；只注重别人怎么看，不注重自己的内心怎么看，这样就失去了本原。"博而寡要"是说虽知识广博、涉猎很多，但是又没有找到具体要领。有些人读书很多，涉猎很多，知识很广博，上下五千年纵横八万里，

① 答顾东桥书：在钱德洪的序中，这篇书信名为《答人论学书》，而在《王文成公全书》中用"答顾东桥书"为题。钱德洪作此序时顾东桥还在世，故不直书其名。顾东桥（1476—1545），名璘，字华玉，号东桥，南京上元（今江苏江宁）人。进士，官至南京刑部尚书。

都能说出个一二三来。但对自己读这些书的根本目的是什么，很多人是说不出个所以然来的，多是猎奇或者为了增加点儿谈资等。

“膏肓”，这里与成语“病入膏肓”的“膏肓”意思相同，是说事情已经非常非常糟糕，基本没什么办法了。

阳明先生开篇说：“顾东桥先生您讲得实在太对了，现在这些学者，只注重外边的事，不太修养内心；只注重四处读书去广泛涉猎，去广博知识，但是又不得要领。您特意提倡‘诚意’这一层意思，针砭时弊，有大功于当代，我觉得非常好，非常赞同。

“您这么聪明，看问题洞若观火、非常犀利，直指要害，我的意思您用一句话就已经说得很清楚了，我的想法您应该也很清楚吧。

“弊端如此明显，如何补救才是关键。像‘诚意’这样的主张，《大学》里早已反复强调过了，‘诚意’原本就是修习圣学最重要的事情，理应放在最核心的位置，而现在的学者却本末倒置，把最重要、最核心的事情放在了其他事情后面。我只是把古圣先贤的东西收拾收拾整理出来，展现给大家看，让现在这些学者知道，古圣先贤究竟倡导的是什么，并不是我个人要标新立异、哗众取宠。”

这两段给顾东桥信的开头语，字数不多，却点出了阳明心学的核心要点——诚意。修习阳明心学，必须从“诚意”着手，这是最基本的心学常识。

【131】
心学不是禅学

【原文】

来书云：“但恐立说太高，用功太捷，后生师传，影响谬误，未免坠于佛氏明心见性[①]、定慧[②]、顿悟[③]之机，无怪闻者见疑。”

【老刘说】

顾东桥先生来信说：“您的学说把心性的地位和重要性说得太高了，而为学功夫这件事又说得太简洁了。后人在学习的时候，难免会有谬误，很容易误导别人进入歧途，堕入佛家的明心见性、定慧、顿悟里面。对初学心学者而言，在不甚了了的情况下，很容易把心学和佛学混为一谈。”

明心见性和定慧、顿悟，是禅宗的说法。禅宗认为心即是佛，能够拾取自心，见自本性，就能明心见性，就可以成佛，不需要从语言文字中求解。

定慧、顿悟，“定慧”是指学佛者修持的三种基本学业——戒、定、慧，即戒律、禅定和智慧。防止行为、语言、思想三方面的过失为戒，比如清规戒律等；收拾散乱的心意为定，比如打坐入定等；通过观照内心，洞悉一切事理为慧，也就是佛家讲的智慧。“顿悟”是指通过“下学”功夫的积累，在机缘际会的时候，瞬间提升，实现量变到质变的转化。

---

① 明心见性：禅宗语，观照自心，见自本性。禅宗认为即心即佛，能够明心见性，就可以成佛，而不用从语言文字中求解。

② 定慧：“定”即禅定，“慧”即智慧。佛家戒、定、慧，分别指戒律、禅定与智慧。防止行为、语言、思想三方面的过失为戒，收摄散乱的心意为定，观照了解一切的事理为慧。

③ 顿悟：指不经过阶梯式修习而突然觉悟，直接把握佛教的“最高真理”。

【原文】

区区格、致、诚、正之说，是就学者本心、日用事为间体究践履，实地用功，是多少次第、多少积累在，正与空虚顿悟之说相反。闻者本无求为圣人之志，又未尝讲究其详，遂以见疑，亦无足怪。若吾子之高明，自当一语之下便了然矣，乃亦谓立说太高，用功太捷，何邪？

【老刘说】

阳明先生回答说："您对我的格物、致知、诚意、正心的理解可能还是有点儿误解，心学讲心性修炼的同时，也强调事上磨的功夫，两者是相辅相成、螺旋上升的关系。只有不断用功，反复循环，最后才能达到心性的突破，实现即身成圣的目标。并不是靠什么顿悟，一下子就从量变到质变了，'下学'功夫是不可少的，'下学'的积累足够了，才可以'上达'。这和佛家讲的空虚顿悟，完全是两码事。"

有这种疑问的人，大概有两类：一类本身就没有什么圣人之志，认知水平一般，这辈子也没打算一定要修好心性、拥有很好的人生质量，甚至也没考虑过人生的意义是什么，每日浑浑噩噩。另一类则很浮躁，对事情浅尝辄止，根本就没有探究过，更没有深入去想阳明先生究竟在说什么，道听途说，人云亦云，得出的结论自然是盲人摸象，令人贻笑大方。后一类人常常不知其然，却偏偏喜欢论其所以然，即便现在，这类人也不在少数。这种浮躁难免会断章取义，对心性修炼是非常不利的。

阳明先生接着说："以您的高明肯定一下子就能看明白了。您说立说太高、用功太捷，无非也就是提点我一下。"

现在的很多人，也有类似的看法，认为阳明先生是将禅学植入儒学，才开创了阳明心学一派。根据也是顾东桥提出的与阳明心学和禅学类似的两点，即"立说太高"和"用功太捷"。

阳明先生认为对"立说太高"有疑问的人，本身心中就无一个"诚"字，更谈不上有什么大人之志，如同一个游手好闲、懒癌入骨的人，质疑别人相信“天道酬勤”一样。

空谈心性的阳明心学，并不是真正的阳明心学，阳明先生说得很清楚，心学的功夫“是多少次第、多少积累在，正与空虚顿悟之说相反”的过程。所有企图舍弃一步一个脚印的修行过程，妄谈什么“明心见性”，都已经不是阳明心学了。

【132】
知、行的顺序关系

【原文】

来书云："所谕知、行并进，不宜分别前后，即《中庸》'尊德性而道问学'[①]之功，交养互发，内外本末一以贯之之道。然工夫次第，不能无先后之差，如知食乃食，知汤乃饮，知衣乃服，知路乃行，未有不见是物，先有是事。此亦毫厘倏忽之间，非谓截然有等今日知之，而明日乃行也。"

【老刘说】

"尊德性而道问学"出自《中庸》，郑玄注："德性，谓性至诚者；道，犹由也；问学，学诚者。"

"德性"的本质是"至诚"；何谓"诚"？《孟子·离娄上》曰："是故诚者，天之道也。""而"是须的意思。《说文解字》："而，须也。"

"道"是取径，通过的路径；"道问学"，即人通过自身修养的途径达到"诚"的境界。

阳明先生认为"道问学"只是手段，"尊德性"才是目的。

"所谕知、行并进，不宜分别前后"，是说知、行应该是相携并进、交互着往前走的。

"内外本末一以贯之之道"，是说"内外本末"是一体的，是不分次第、没有先后上下的。

---

① 《中庸》："故君子尊德性而道问学，致广大而尽精微。"

顾东桥先生来信说，阳明心学所说的知、行并进，不应区分先后的说法，也就是《中庸》提到的“尊德性而道问学”的功夫，是相互交叉促进，内外本末，“一以贯之”之道。然而做功夫是要有先后顺序的，不能混淆在一起，这肯定是不可能的事。

接着顾东桥举例说明自己所理解的知、行关系，比如先知道是食物才吃，先知道是水才喝，先知道是衣服才穿，先知道是路才行。不会是还没有见到，就先有行为。就算只是瞬间的先后，时间很短，也是有先后顺序关系的。不是说今天知道了，明天才行动，才算有先后顺序。

顾东桥对知、行关系的理解，和我们平常人的理解差不多，觉知到了，才去行动。即使反应时间非常短，也是有顺序的，怎么能说是并进的呢？

【原文】

既云“交养互发，内外本末一以贯之”，则知、行并进之说无复可疑矣。又云“工夫次第，不能不[①]无先后之差”，无乃自相矛盾已乎？知食乃食等说，此尤明白易见，但吾子为近闻障蔽，自不察耳。夫人必有欲食之心，然后知食，欲食之心即是意、即是行之始矣；食味之美恶，必待入口而后知，岂有不待入口而已先知食味之美恶者耶？必有欲行之心，然后知路，欲行之心即是意、即是行之始矣；路岐之险夷，必待身亲履历而后知，岂有不待身亲履历而已先知路岐之险夷者耶？知汤乃饮，知衣乃服，以此例之，皆无可疑。若如吾子之喻，是乃所谓不见是物而先有是事者矣。吾子又谓“此亦毫厘倏忽之间，非谓截然有等今日知之，而明日乃行也”，是亦察之尚有未精。然就如吾子之说，则知、行之为合一并进，亦自断无可疑矣。

【老刘说】

信中认为阳明先生以己之矛克己之盾，说既然讲“相互交叉促进，内外本末一以贯之”，又讲“功夫的顺序，不能没有先后之分别”，前面说并行，

① 据来信原文，此处“不”字系误印。

后面说先后，这不是自相矛盾吗？

关于“行”，并不是说有了具体行为，才算行的开始。譬如吃饭，不是说看到满桌饭菜坐下吃，才算开始“行”，而是从有欲食之心开始，这个欲食之心就已经是行的一部分了。

心学中的“行”分三个顺序阶段，心里的一涌动就是行的开始，“意”动即为开始行了，也就是“知是行之始，行是知之成”。这里的“知”还是“知觉”的意思，“知觉”到的“意”动，就算是开始“行”了。先有吃的想法，才会去找吃的东西。坐在饭桌旁边开始吃只是“行”的一部分，并非是“行”的整体。

食物的味道，必须入口咀嚼才能知道，哪有没有入口就先知道食物味道的道理？必定先有想行路的心，才会去感知道路，想行路的心就是意，也就是行的开始。至于道路的具体情况，只有亲身践履才能知道，哪有还没亲自上路就知道道路的具体情况的道理呢？

这里有人会抬杠说，我参考别人的资料不就清楚了，何必非得亲力亲为才能知道呢？有个寓言故事叫《小马过河》，讲的是一匹小马要过一条河，因为不知道水的深浅，先问老牛，老牛说：“水很浅，刚到小腿，能蹚过去”。又问松鼠，松鼠认真地说：“深得很呢！昨天，我的一个伙伴就是掉进这条河里被卷走了！”小马自己下河小心地过了河，发现河水既不像老牛所说那样浅，也不像松鼠所说那样深。阳明先生讲的是同样的道理，每个人特质不一样，所面临的情况即便相同，应对的时候，也是有区别的，所谓吾之良药彼之砒霜，说的就是这个道理。

以前笔者在阿拉善的乌兰布和沙漠做实验，驾驶车辆的是驾龄超过十五年的一个老司机，驾驶水平很高，但完全适应不了沙丘地形，一开车就打滑，险象环生。最后没办法，只能高价找当地司机开。当地司机觉得这也算问题？天天都这么开，无所谓的事。

路险不险，事情究竟是什么样子，是和应对者的特质相对应的，不亲身体验一下，根本就算不上真知。

依此类推，就清晰明了了，顾东桥所说的“此亦毫厘倏忽之间，非谓截然有等今日知之，而明日乃行也”，只是洞察得不够精准而已。

所以，知、行是并进的，这是毫无疑问的，也就是顾东桥前边说的“交养互发，内外本末一以贯之”。

顾东桥所理解的知与行，和绝大多数普通人观念中的知与行是一样的，想吃的心，属于知；吃的行动，属于行。阳明心学认为，“行”等于“知之始”到“行之成”，是从“意”动开始的。行的完成，本质就是心中的“知”被“致”这一过程的完成。

“致知”并非易事，个中滋味亦是一言难尽。真正的“致知”，是要克服很多不为人知的艰辛，时时校正本心是否符合天理的过程。

【133】
知、行并进

【原文】

来书云："真知即所以为行，不行不足谓之知，此为学者吃紧立教，俾务躬行则可；若真谓行即是知，恐其专求本心，遂遗物理，必有暗而不达之处，抑岂圣门知行并进之成法哉？"

【老刘说】

顾东桥信中说："您说的'真知即所以为行，不行不足谓之知'，向学习的人指出了切实的用功方法，让学习的人抓住根本，让学问有了具体着手处。真知就是行的观点，我承认是对的。

"但是，如果真的认为'行'就是'知'，只怕学习的人会流入空谈。心里想了一大堆，却没有任何具体实施的行为。这岂不是背离了圣学中所说的'知行并进'了吗？"顾东桥对此表示很质疑。

这节提到的"学者"，指的是修身学习的人；"物理"指的是事事物物之理。

"若真谓行即是知"，意思是"如果真说知就是行"，即阳明先生所说的人一旦意念发动，就是行了。顾东桥没有真正理解阳明先生的意思，所以反诘说，如果这个观点成立，人就会只穷究自己的意念，而淡漠外在的事事物物。

显然，顾东桥把"行"和"行之始"混为一谈了。阳明心学中的"行"，必须是一条线顺下来，才是一个完整的"行"。光有一个开头，就没下文了，是不行的。顾东桥把"行"的半成品当成整个"行"了，所以才问出"暗而不达”的话。

【原文】

知之真切笃实处即是行，行之明觉精察处即是知，知行工夫本不可离；只为后世学者分作两截用功，失却知、行本体，故有合一并进之说。真知即所以为行，不行不足谓之知，即如来书所云“知食乃食”等说可见，前已略言之矣。此虽吃紧救弊而发，然知、行之体本来如是，非以己意抑扬其间姑为是说，以苟一时之效者也。

“专求本心，遂遗物理”，此盖失其本心者也。夫物理不外于吾心，外吾心而求物理，无物理矣。遗物理而求吾心，吾心又何物邪？心之体，性也，性即理也。故有孝亲之心，即有孝之理，无孝亲之心，即无孝之理矣；有忠君之心，即有忠之理，无忠君之心，即无忠之理矣；理岂外于吾心邪？晦庵谓人之所以为学者，心与理而已。心虽主乎一身，而实管乎天下之理；理虽散在万事，而实不外乎一人之心[①]，是其一分一合之间，而未免已启学者心、理为二之弊。此后世所以有“专求本心，遂遗物理”之患，正由不知心即理耳。夫外心以求物理，是以有暗而不达之处。此告子义外之说，孟子所以谓之不知义也。[②] 心一而已，以其全体恻怛而言，谓之仁；以其得宜而言，谓之义；以其条理而言，谓之理。不可外心以求仁，不可外心以求义，独可外心以求理乎？外心以求理，此知、行之所以二也。求理于吾心，此圣门知、行合一之教，吾子又何疑乎？

【老刘说】

“知之真切笃实处即是行，行之明觉精察处即是知”。知行本来就是齐头并进不能分离的。后世的求学者没搞清知行的本体，把知行分为两截去下功

---

① 语出朱熹《朱子语类》。

② 《孟子·告子上》：“告子曰：‘食色，性也。仁，内也，非外也；义，外也，非内也。’”孟子对此评价道：“告子未尝知义，以其外之也。”

夫，这样做无疑是偏了。真知即是能够去行，不行不足以称之为知。

应对具体事情，只有知道并且使用的那部分，对自己才有意义，除此之外，是没有任何意义的。比如使用手机，所有手机功能都使用过的人几乎没有，没使用到的功能，对自己来说，是没任何意义的。这部分功能自己也是不知的状态。

阳明先生接着说："至于您信中说的'知食乃食'等例子，前面我已简要谈过了。心里只有想法，不去落实就等于没做，也就不算是'真知'。"就像"小马过河"的小马，自己不下水，是不会知道河水对自己来说是深是浅。

如果只是去做，别人说干什么就跟着干什么，自己不带脑子，那还算什么知行合一？顶多算是行尸走肉。"行"的开始就是起心动念的一涌动，"知"始终贯穿在整个"行"里，知行是共进的关系。知行本体原本如此，并不是我一己之见的妄言。

一味探求本心而遗弃万物之理，是割裂了心与外物的连接，等于切断了心对外的感知和知觉功能，相当于失去了自己的本心。天地万物之理不在心之外，在心之外去寻求万物之理，也就没有天地万物之理；抛弃了天地万物之理而探求内心，心就失去了与天地万物交互关系的意义。心的本体是性，性就是理。

这段比较抽象，不好理解，这部分也是阳明心学"心即理"的根本之处。举个例子，帮助理解。

在海底岩石的洞穴里，有一只章鱼，钻进了一个有无数孔洞的容器中，章鱼通过孔洞伸出自己的触腕，触摸感知洞穴的样貌和变化。这个洞穴就是天地万物，有无数孔洞的容器就是我们的身体，也是广义的洞穴的一部分。章鱼就是"心"，章鱼的触腕就是"知觉"。

章鱼感知洞穴的样貌和变化，是为了本身的需求，如果只研究洞穴的样貌和变化，不管章鱼的感受，这个研究也就失去了原本的意义（在心之外去寻求万物之理）。

只研究章鱼的感受和具体情况，而不管洞穴的样貌和变化，等于切断了章鱼和洞穴的相互关系，这样的研究，同样失去了原本的意义（抛弃了天地万物之理而探求内心）。

因此，有孝敬双亲的心，就有孝敬的理；没有孝敬双亲的心，也就没有孝敬的理。有忠于国君的心，就有忠于国君的理；没有忠于国君的心，也就没有忠于国君的理。

心虽然是主宰身体的，但本质上是应对天下之理的；天下之理虽然散布在天地万物和人情事变之中，但本质上是对应心的。它们本身就是一个体系，不可分割。这就是“心即理”，心就是性，性就是理。

“心”“性”“理”如同一棵树，是一个整体，生机盎然，充满生气和活力。非要把“心”“性”“理”分开说，等于是把这棵树剥皮肢解开来，最后就是一棵死树了，还有什么意义？

朱熹把“心”与“理”分开讲，不免造成了后人把“心”和“理”当两部分来看待的毛病。不知道“心”和“理”是一个整体，在心外寻求天地万物之理，自然会有昏蔽而不通达的地方。

朱熹讲“心”和“理”是两回事，而我们之前讲“心”和“理”是一回事，不是两回事，二者是统一的。朱熹这么说就把“心”和“理”分开了，就在这一分一合之间，学者就当成两个东西来学了，弊端就是导致大家都追求本心，而把外边的物理放到一边了。

先生接着说，告子把“仁”和“义”分成内外了，孟子就说告子既不知道“义”是什么，也不知道“仁”是什么，更不知道里外是什么。意思是告子纯粹胡说八道。

心只有一个，就心的“全体恻怛”而言，称为仁；就心的得宜于事理处而言，称为义；就心的应对事理的角度而言，称为理。不可在心外寻求仁，不可在心外寻求义，难道可以在心外寻求理吗？

去心外寻求理，就是因为把知行认作两件事。在本心中寻求理，正是孔门知行合一的教导，关于这点，还有什么可怀疑的呢？

【134】
夭寿不贰、修身以俟

【原文】

来书云："所释《大学》古本，谓致其本体之知，此固孟子'尽心'之旨，朱子亦以虚灵知觉①为此心之量②。然'尽心'由于'知性'，'致知'在于'格物'。"

【老刘说】

顾东桥先生来信说，用阳明心学解读原本《大学》的"致其本体之知"，固然是《孟子》"尽心"的本意，朱熹先生也认为虚灵知觉是心的本体，但他又进一步认为尽心是由于知性，致知有赖于格物。顾东桥要阐述的观点是：致良知的前提是格物，尽性的前提是知性。

"虚灵知觉"出自朱熹《中庸章句序》，说的是心具有灵明和感应的功能，心的灵明和感知，与天地万物是一体的。

"此心之量"出自朱熹的《孟子集注》，"心量"可以理解为心的感知和灵明理论上所能触达的范畴总和。朱熹的意思是，如果不能做到穷理，本来该触达的地方，就会触达不到。

【原文】

"尽心"由于"知性"，"致知"在于"格物"，此语然矣。然而

---

① 虚灵知觉：朱熹《中庸章句序》："心之虚灵知觉，一而已矣。"

② 此心之量：朱熹《孟子集注》："心者，人之神明……人有是心，莫非全体，然不穷理，则有所蔽而无以尽乎此心之量。"

推本吾子之意，则其所以为是语者，尚有未明也。朱子以“尽心、知性、知天”为“物格、知致”，以“存心、养性、事天”为“诚意、正心、修身”，以“夭寿不贰、修身以俟”为“知至仁尽、圣人之事”。若鄙人之见，则与朱子正相反矣。夫“尽心、知性、知天”者，生知、安行，圣人之事也；“存心、养性、事天”者，学知、利行，贤人之事也；“夭寿不贰、修身以俟”者，困知、勉行，学者之事也。岂可专以“尽心、知性”为知，“存心、养性”为行乎？吾子骤闻此言，必又以为大骇矣。然其间实无可疑者，一为吾子言之。

夫心之体，性也；性之原，天也。能尽其心，是能尽其性矣。《中庸》云：“惟天下至诚为能尽其性。”又云：“知天地之化育，质诸鬼神而无疑，知天也。”此惟圣人而后能然。故曰：此生知、安行，圣人之事[①]也。

存其心者，未能尽其心者也，故须加存之之功；心存之既久，不待于存而自无不存，然后可以进而言尽。盖“知天”之“知”，如“知州”“知县”之“知”，“知州”则一州之事皆己事也，“知县”则一县之事皆己事也，是与天为一者也；“事天”则如子之事父，臣之事君，犹与天为二也。天之所以命于我者，心也，性也，吾但存之而不敢失，养之而不敢害，如“父母全而生之，子全而归之”[②]者也。故曰：此学知、利行，贤人之事也。

至于“夭寿不贰”，则与存其心者又有间矣。存其心者虽未能尽其心，固已一心于为善，时有不存，则存之而已；今使之“夭寿不贰”，是犹以夭寿贰其心者也；犹以夭寿贰其心，是其为善之心犹未能一也；存之尚有所未可，而何尽之可云乎？今且使之不以夭寿贰其

---

① 圣人之事：《孟子·尽心上》中提到，“尽其心者，知其性也。知其性，则知天矣。存其心，养其性，所以事天也。夭寿不贰，修身以俟之，所以立命也”。朱熹在《孟子集注》中注解此句：“以大学之序言之，知性则物格之谓，尽心则知至之谓也。……存，谓操而不舍；养，谓顺而不害。事，则奉承而不违也。……尽心知性而知天，所以造其理也；存心养性以事天，所以履其事也。……知天而不以夭寿贰其心，智之尽也；事天而能修身以俟死，仁之至也。”

② 《礼记·祭义》：“父母全而生之，子全而归之，可谓孝矣。”

为善之心，若曰死生夭寿皆有定命，吾但一心于为善，修吾之身以俟天命而已，是其平日尚未知有天命也。“事天”虽与天为二，然已真知天命之所在，但惟恭敬奉承之而已耳；若“俟之”云者，则尚未能真知天命之所在，犹有所俟者也，故曰“所以立命”。立者“创立”之“立”，如“立德”“立言”“立功”“立名”之类[①]，凡言立者，皆是昔未尝有而今始建立之谓，孔子所谓“不知命无以为君子”[②] 者也。故曰：此困知、勉行，学者之事也。

今以“尽心、知性、知天”为“格物、致知”，使初学之士尚未能不贰其心者，而遽责之以圣人生知、安行之事，如捕风捉影，茫然莫知所措其心，几何而不至于“率天下而路”也！今世致知、格物之弊亦居然可见矣。吾子所谓“务外遗内，博而寡要”者，无乃亦是过欤？此学问最紧要处，于此而差，将无往而不差矣。此鄙人之所以冒天下之非笑，忘其身之陷于罪戮，呶呶其言，其不容已者也。

【老刘说】

阳明先生说：“‘尽心’由于‘知性’，‘致知’在于‘格物’。这句话是对的，但根据前后语境，我觉得您之所以引用这句话，是因为您还没有完全清楚我的观点。”

“尽心、知性、知天”出自《孟子·尽心上》。孟子根据人的天资悟性不同，把人分成三类：

第一类是“生知、安行”的人，生而知之，是知天的水平，属于圣人级别的，一生下来就明白天理是什么，所言所行，无不和天理合拍。

第二类是“学知、利行”的人，学而知之，是事天的水平，属于贤人级别的，隐隐约约能看到天理是什么。类似于雾里看花，虽能大概看得明白，但不知道怎么到达天理，于是就不断学习，不断进步，慢慢地向天理方向走。

第三类是“困知、勉行”的人，困而知之，悟性天资很一般，还不知道

---

① 《左传》：“太上有立德，其次有立功，其次有立言，虽久不废，此之谓不朽。”

② 《论语·尧曰》：“不知命，无以为君子也；不知礼，无以立也；不知言，无以知人也。”

天理究竟是什么样子，只是知道应该坚持一些基本的原则，努力按照它们做事情，坚持着往前走，走到一定程度的时候，才能隐隐约约看得到天理是什么样子，也就是到达贤人的级别。在这个基础上再接再厉，继续努力前行，最后才能到达知天、知命、知性的高度。我们中的大多数人都属于这一种。

而朱熹先生把“尽心、知性、知天”看作格物致知；把“存心、养性、事天”看作“诚意、正心、修身”；把“夭寿不贰、修身以俟”看作“知至仁尽”，看作是圣人的事。

阳明先生说：“我赞同孟子的说法，朱熹先生完全把这个事情说反了。以我的理解，‘尽心、知性、知天’，是生知、安行，是圣人的事情；‘存心、养性、事天’是学知、利行，是贤人的事情；‘夭寿不贰、修身以俟’，乃是困知、勉行，属于普通大众的事情。怎么能单单认为‘尽心、知性’为知，‘存心、养性’为行呢?”

把“生知、安行”说成初学者的事情，就相当于把一道微积分的题，直接扔给一个小学三年级的孩子要求他解出来，这显然是很不靠谱的事情。这个小学生经历这个事情以后，内心一定是崩溃的，很可能会直接放弃学业，这一辈子就别指望上学了。正常的顺序应该是先从1、2、3、4、5……数数开始，再学习 1 +2 =3，3 +4 =7 等，加减乘除法一步步慢慢来。上完小学上中学，上完中学上大学，当年的小学生最后肯定能做微积分的题。

“困知、勉行”“夭寿不贰、修身以俟”的状态，就相当于小学三年级的水平，要求处于这一水平的人做到“尽心、知性”，这不是存心难为人吗?

阳明先生说：“您冷不丁听到我的这种说法，估计会很惊诧。但事实的确如此，我展开说一下。心的本体是性，性的本原是天，是一条线顺下来的。能尽自己的心，也就是能尽自己的性。”

汽车设计的最基本原则是能在公路上行驶，能在公路上行驶的前提是先有公路做参考，汽车设计得好，自然就能适应所有符合标准的公路。“心”“性”“天理”，本身就是一个体系的，理解的时候，不可分割开来。

《中庸》中说：“惟天下至诚，为能尽其性。”又说：“知天地之化育，质诸鬼神而无疑，知天也。”这是“生知、安行”，属于圣人分内的事情。

“知天”的“知”字，如同“知州”“知县”的“知”字，知州管一州的事，知县管一县的事，要想做个合格的知州或知县，自己管辖范围的事情，要清楚明白，要将其当作自己的分内事。这句的引申意思是，“知天”就是与“天”完全合拍。

“事天”就像子侍奉父母、臣侍奉君主一样。子和父还是两部分，还没有完全融为一体。

需要存养心，是因为不能做到尽心，因此必须有存养的功夫。必须坚持存养，时刻不断，从量变到质变，等到不需刻意存养的时候，才算是到达了“尽心”的高度。

“天”“性”“心”是一个不可分割的体系，是以“天”为基准按顺序下来的。我们努力存养这个“心”、这个“性”不偏离“天”（理），如同“父母全而生之，子全而归之”一样。

“父母全而生之，子全而归之”意思是“身体发肤受之父母，应该终生自爱，不做任何污损、损害身体的事情”。

所以，“学知、利行”，是属于贤人分内的事情。

“夭”是早亡，年纪轻轻就去世了；“寿”就是长寿，安享天命。“夭寿不贰”讲的是境遇的变化，无论寿命长短，无论贫富，都坚持一个方向不变。是指普通学习者，还看不到天理究竟是什么样子，只是努力在自己认可的方向坚持做好。显然，“夭寿不贰”的人和贤人相比，还是有一定差距的。

既然大家天资悟性不同，为学功夫的方式方法自然就不一样。贤人是能看到“天”的大致轮廓的，对自己努力的方向是清楚的。贤人已经懂得如何存养本心，虽然还没有做到天人合一的程度，但大方向是没问题的。

“夭寿不贰”这个阶段，还看不到“天”的样子，还可能会因为境遇的变化而变化，做不到时时刻刻警醒自己和“天”合拍，立心还不够专一。最近比较闲，就立志要好好修身，过一段时间忙，就把修身放在脑后了，不一定什么时候才能再想起来。如果连“存心”的标准都达不到，还谈什么“尽心”呢？

人的天命由两部分组成，一部分是人力可及的，另一部分是人力不可及的。“穷通夭寿”就是天命中人力所不及的部分。坦然面对，做好人力可及的这一部分，修养自身以待天命，就是坦坦荡荡的吾心光明。

以平常心面对人力不可及的部分，按照自己的本心做好自己的事情，恰好说明“夭寿不贰”的普通学习者，还不知道天命究竟是什么。

在“事天”这个阶段，贤人虽然还做不到所想所行完全符合天道，自己和“天”还是分隔为二，但已经确切地知道天命之所在，看到了“天”的轮廓和方向，只需要心存敬畏，恭敬地存养本心，慢慢趋近，最后就会天人合一。

“俟”是等待的意思。“立”是“创立”的“立”，如同“立德”“立言”“立功”“立名”的“立”字，是“建立、树立”的意思，之前没有，现在开始建立。

“夭寿不贰，修身以俟之，所以立命也”，意思是普通学习者还不能确切地知道天命之所在，所以要“尽人事，听天命”，只问耕耘不问收获地努力坚持，才能“立命”。也就是孔子说的“不知命，无以为君子”的层次。所以说，“困知、勉行”是大多数普通学习者的事情。

现在把“尽心、知性、知天”认作格物致知，让普通初学者完全摸不到头脑，茫然四顾不知如何是好。同时用圣人“生知、安行”的高度来苛求他们，无异于让小学三年级的孩子做微积分，纯粹是坑人。事情不是这个搞法。

阳明先生说：“这点是我和朱熹最大的区别。当年我也是按照他说的方式去修，发现根本走不通。而我说的东西，都是经过实践检验证明是可行的。朱熹的搞法只会让学习的人疲于奔走，劳而无功。”

“率天下而路”出自《孟子·滕文公上》，原文是：“有大人之事，有小人之事。且一人之身，而百工之所为备，如必自为而后用之，是率天下而路也”。意思是“每个人有每个人的事情，合理的社会是有分工的，各司其职，各尽其责，如果一个人身上所需的用品一定要自己制作而后使用，就会导致天下的人疲于奔走。”

阳明先生说：“您说的‘务外遗内，博而寡要’的人，根本问题就出在这里。此处是学问最要紧的地方，也是整个格物致知之学的地基，地基有问题，后面无论怎么盖楼都是没用的。”

阳明先生最后说：“天下被误导成这个样子了，我不得不冒天下人的非难和讥笑，冒着自身可能陷于罗网的风险，絮絮叨叨地出来正本清源，坚持弘道天下。”

当时朱学是天下正统，影响极大，具有压倒性的优势。阳明先生正本清源面临的难度，不亚于哥白尼提出日心说时的境况，很多人都在笑，说你是个疯子。

《孟子·公孙丑上》："自反而不缩，虽褐宽博，吾不惴焉；自反而缩，虽千万人，吾往矣。""自反"是反求诸己，反省自己。"缩"是"直"的意思（《礼记·檀弓》记载："古者冠缩缝，今也衡缝"。孔颖达注："缩，直也。"因为《礼记》中"缩"与"衡"（横）相对，所以推断"缩"有"直"的意思）。

反省自己，如果自身的所作所为都不符合天理，就算是面对卑贱的人，也会忐忑不安；相反，反省自己，如果自己的所作所为都是符合天理的，就算面对千军万马，依然一往无前！

阳明先生正是如此，胸有浩然正气，自然就能做到理直气壮地正本清源，弘道于天下！

【135】
事物进退应对是否合理的依据

【原文】

来书云："闻语学者，乃谓'即物穷理'① 之说亦是玩物丧志，又取其'厌繁就约'②'涵养本原'③ 数说标示学者，指为晚年定论，此亦恐非。"

【老刘说】

顾东桥先生来信说，听说阳明先生对朱熹先生做了两件事：第一，说朱子的"即物穷理"就是"玩物丧志"；第二，把朱子晚年关于"厌繁就约"和"涵养本原"等书信汇编成集，展示给求学的人看，说朱子认为自己年轻时候说的不对，晚年说的东西才是对的。这么做是不是有点儿过分了？

"厌繁就约"出自朱熹《与刘子澄》，即厌恶外求之繁杂，回归内求的简易功夫。

"涵养本原"出自朱熹《答吕子约》，即存养本心的功夫。

【原文】

朱子所谓"格物"云者，在"即物而穷其理"也。即物穷理是

---

① 朱熹《大学章句》补《格物致知传》："所谓致知在格物者，言欲致吾之知，在即物而穷其理也。"

② 朱熹《与刘子澄》："近觉向来为学，实有向外浮泛之弊，不惟自误，而误人亦不少。方别寻得一头绪，似差简约端的，始知文字言语之外，真别有用心处，恨未得面论也。"

③ 朱熹《答吕子约》："文字虽不可废，然涵养本原而察于天理人欲之判，此是日用动静之间不可顷刻间断底事。若于此处见得分明，自然不到得流入世俗功利权谋里去矣。"

就事事物物上求其所谓定理者也，是以吾心而求理于事事物物之中，析心与理而为二矣。夫求理于事事物物者，如求孝之理于其亲之谓也。求孝之理于其亲，则孝之理其果在于吾之心邪？抑果在于亲之身邪？假而果在于亲之身，则亲没之后，吾心遂无孝之理欤？见孺子之入井，必有恻隐之理，是恻隐之理果在于孺子之身欤？抑在于吾心之良知欤？其或不可以从之于井欤？其或可以手而援之欤？[①] 是皆所谓理也，是果在于孺子之身欤？抑果出于吾心之良知欤？以是例之，万事万物之理莫不皆然，是可以知析心与理为二之非矣。

夫析心与理而为二，此告子义外之说，孟子之所深辟也。“务外遗内，博而寡要”，吾子既已知之矣，是果何谓而然哉？谓之玩物丧志，尚犹以为不可欤？若鄙人所谓“致知、格物”者，致吾心之良知于事事物物也。吾心之良知，即所谓“天理”也。致吾心良知之“天理”于事事物物，则事事物物皆得其理矣。致吾心之良知者，致知也；事事物物皆得其理者，格物也，是合心与理而为一者也。合心与理而为一，则凡区区前之所云，与朱子晚年之论，皆可以不言而喻矣。

【老刘说】

“即物穷理”意思是在事事物物本身上求其理，所有事情都是求于心外的，这就把心和理分成了两件事。

阳明先生接着说：“就拿为父母尽孝这件事情来说，孝的理究竟是在我的心中，还是在父母的身上呢？如果在父母身上，父母去世了，我心中孝的理岂不就没有了吗？

“打个比方，你走在路上，突然看到有个小孩子要掉进井里了，你肯定会心生恻隐，马上跑过去拦住，避免孩子掉下去。这不是因为你想和孩子的父母拉关系，也不是因为想在乡邻中博取声誉，更不是因为厌恶这孩子的哭叫

---

① 《论语·雍也》：“宰我问曰：‘仁者，虽告之曰：“井有仁焉。”其从之也？’子曰：‘何为其然也？君子可逝也，不可陷也；可欺也，不可罔也。’”

声才去做的。那么这个恻隐之心是在你心里，还是在这小孩身上呢？如果是在小孩身上，他掉到井里之后，你的恻隐之心应该马上就没有了。实际情况却是，如果你跑慢了几步，小孩真掉到井里了，你的心里肯定会很内疚的。”

阳明先生总结说，综上所述，万事万物的理都无法脱离心而存在，理向内求才是指向根本，向外求就是本末倒置了。

把“心”和“理”分开，是告子“义在外”的说法。告子认为“仁在内，义在外”。孟子反对这种说法，认为内外本来是一体的，割裂开来，就失去了本来的意义。比如一辆汽车，指的是一个整体。如果分开看车灯、车轮、连杆、曲轴等，就是一地零件了，哪还有什么汽车？

如果人只关注外面的事情，而忽视内心的修养，就会内外脱节，涉猎、博览的东西越多，心越是没根。追逐外物荒废内心，不就是“玩物丧志”吗？

再比如玩游戏这个事情，有的人玩游戏的时候能存养本心，知道孰轻孰重，不会耽误正事，就是放松娱乐一下。有的人则通宵达旦废寝忘食地玩，其他事情全扔一边，这显然不是玩游戏，而是被游戏玩。这难道不是玩物丧志吗？

应对任何事物都有一个重要性排序的问题。从这个角度，根本就不存在没时间或者没精力等借口，根本原因只是哪个更重要。只要心里觉得这事情非常非常重要，必须是第一位的，所有时间和资源都会为此倾斜。阳明先生讲的“玩物丧志”，不是说只关注内心，外边的事情就不做了，而是说心里存的事情也有个排序问题，在所有事情中，良知必须做老大。如果不是，就是“玩物丧志”了。

阳明先生说，“致知、格物”是把良知放在各种事物之上。这样，各种事物都能顺应天理而行。天理落在心之本体上，就是良知；把心中的良知延伸到事事物物之上，就是事事物物的理；致心中的良知，即是致知。事事物物都得到理，即是格物。这就是把心与理合而为一。

把心与理合而为一，那么前面说的那些，和《朱子晚年定论》中所说的，就都不言而喻了。

【136】
穷理于良知

【原文】

来书云："人之心体本无不明，而气拘物蔽，鲜有不昏；非学、问、思、辨以明天下之理，则善、恶之机，真、妄之辨，不能自觉；任情恣意，其害有不可胜言者矣。"

【老刘说】

顾东桥先生来信说，对人来说，心体的初始状态都是明的，但随着逐渐长大，入世的时间越来越长，心体就会被好名、好色、好利等种种私欲攀附，如同钉子在空气中慢慢生锈一样。心体一旦被蒙蔽，就像戴着有色眼镜看世界一样，看到的已经不是真相了。

要想恢复心体的明，就必须通过博学、审问、慎思、明辨来明了天下的理。否则，心体就会失去分辨善恶真假、自我察觉这些最基本的功能。如果完全任由欲望控制，人就会离经叛道，甚至沦为禽兽，造成的危害不言而喻。

【原文】

此段大略似是而非，盖承沿旧说之弊，不可以不辨也。夫问、思、辨、行，皆所以为学，未有学而不行者也。如言学孝，则必服劳奉养，躬行孝道，然后谓之学；岂徒悬空口耳讲说，而遂可以谓之学孝乎？学射则必张弓挟矢，引满中的；学书则必伸纸执笔，操觚染翰[①]。尽天下之学，无有不行而可以言学者，则学之始固已即是行矣。笃者，敦实笃厚之意。已行矣，而敦笃其行，不息其功之谓尔。盖学之不能以无疑，则有问，问即学也，即行也；又不能无疑，则有思，思即学也，即行也；又不能无疑，则有辨，辨即学也，即行也。辨既明矣，思既慎矣，问既审矣，学既能矣，又从而不息其功焉，斯之谓笃行。非谓学问思辨之后，而始措之于行也。

是故以求能其事而言谓之学，以求解其惑而言谓之问，以求通其说而言谓之思，以求精其察而言谓之辨，以求履其实而言谓之行：盖析其功而言则有五，合其事而言则一而已。此区区心、理合一之体，知、行并进之功，所以异于后世之说者，正在于是。

今吾子特举学、问、思、辨，以穷天下之理，而不及笃行，是专以学、问、思、辨为知，而谓穷理为无行也已；天下岂有不行而学者邪？岂有不行而遂可谓之穷理者邪？明道云："只穷理便尽性至命。"故必仁极仁而后谓之能穷仁之理，义极义而后谓之能穷义之理。仁极仁则尽仁之性矣，义极义则尽义之性矣，学至于穷理，至矣，而尚未措之于行，天下宁有是邪？是故知不行之不可以为学，则知不行之不可以为穷理矣，知不行之不可以为穷理，则知"知、行"之合一并进，而不可以分为两节事矣。

夫万事万物之理，不外于吾心；而必曰穷天下之理，是殆以吾心之良知为未足，而必外求于天下之广，以裨补增益之，是犹析心与理而为二也。夫学、问、思、辨、笃行之功，虽其困勉至于人一己百，而扩充之极，至于尽性、知天，亦不过致吾心之良知而已；良知之外，岂复有加于毫末乎？今必曰穷天下之理，而不知反求诸其心，则凡所谓善、恶之机，真、妄之辨者，舍吾心之良知，亦将何所致其体察乎？吾子所谓气拘物蔽者，拘此蔽此而已。今欲去此之蔽，不知致力于此，而欲以外求，是犹目之不明者不务服药调理

---

① 操觚染翰：指写作。觚：木简；翰：长而硬的鸟羽，借指笔。

以治其目，而徒伥伥然求明于其外；明岂可以自外而得哉？任情恣意之害，亦以不能精察天理于此心之良知而已。此诚毫厘千里之谬者，不容于不辨，吾子毋谓其论之太刻也。

【老刘说】

《中庸》中说："博学之，审问之，慎思之，明辨之，笃行之。"顾东桥不说"笃行之"的"行"字，根源是他基于朱熹的观点，把"知""行"分成了两部分，把"博学、审问、慎思、明辨"归于"知"，把"笃行"当作"行"。他认为"学、问、思、辨"要克服"气拘物蔽"，必须把"知"的问题先解决掉，然后才能解决"行"的问题。

学问究竟是什么呢？南怀瑾先生说："学问不是文学，文章好是这个人的文学好；知识渊博，是这个人的知识渊博；至于学问，哪怕不认识一个字，也可能有学问——做人好，做事对，绝对的好，绝对的对，这就是学问。这不是我个人别出心裁的解释，我们把整部《论语》研究完了，就知道孔子讲究做人做事，如何完成做一个人。"

在上篇中，阳明先生也说过类似的话："澄尝问象山在人情事变上做工夫之说。先生曰：'除了人情事变，则无事矣。'"儒学强调积极的入世治世，强调活在当下，强调未知生焉知死，这是和佛道最大的区别。

阳明先生说："您讲的这段话似是而非，根本原因在于承袭了旧说的错误，把'知''行'当作两件事，这是个根本性的问题，必须拿出来仔细说一下。

"博学、审问、慎思、明辨、笃行都可以称为学，'学'的意思已经包含了'行'，没有'行'的'学'是不能称为'学'的。

"比如说学孝，落实到服侍奉养双亲，躬行孝道，才算是学孝，只拿耳朵听听、不疼不痒地说说，扯一大通道理，结果啥也不干，双亲一年到头想见你一面都难，怎么可能算是学孝呢？

"再比如说学射箭，不去拉弓射箭，把箭射到靶子上，只是理论讲得呱呱叫，弓都没摸过，算什么学射箭呢？学写字也是同样的道理，看别人写，读很多理论，都算不上是学写字，只有自己铺开纸，一笔一画去写才算是学写字。

“天下所有的‘学’，没有‘行’是算不上‘学’的。‘学’的开始就已经是‘行’了。‘笃行’的‘笃’字，是诚心诚意，坚定踏实的意思。‘笃行’的意思是说，开始‘行’了，就要诚心诚意，坚定踏实地一步一个脚印地‘行’下去，不可半途而废。

“‘学’必然会有疑问，有疑问就有了‘审问’‘慎思’和‘明辨’，这三者只是‘行’过程中的环节。

“‘辨’得清晰、明白了，‘思’得足够周密了，‘问’得足够详细了，‘学’也就会做，会完成了。如此循环往复，持续不断地下功夫，就是‘笃行’。不是说博学、审问、慎思、明辨之后才开始‘笃行’的。

“从寻求会做具体事的方法的角度来说叫‘博学’；从寻求解决各种说法和认知的疑惑，拨云见日的角度来说叫‘审问’；从寻求对各种说法和认知的精微之处使其明晰的角度来说叫‘慎思’；从寻求对事的精准清晰认知的角度来说叫‘明辨’；从寻求落实由所学到具体入世治世，由‘懂得’到‘做到’之间通达无障碍的角度来说叫‘笃行’。

“从不同角度来看，‘博学、审问、慎思、明辨、笃行’似乎是五部分。其实，这五部分本质上都是‘行’这一件事。这就是我说的‘知、行并进’的功夫，也是我的学说不同于朱熹先生的地方。

“您举出‘博学、审问、慎思、明辨’来穷尽天下的理，单单没提到‘笃行’。是因为您把‘博学、审问、慎思、明辨’当作‘知’，认为穷尽天下的理是不需要‘行’的。问题是，天下岂有不‘行’的‘学’？岂有不‘行’就能穷尽道理的？

“天下的事情没有只有‘知’而无‘行’的，也没有只有‘行’而无‘知’的。”

这里强调一下，心学的“行”是从“感知到”开始，也就是从心的一涌动，就是行的开始了。

阳明先生接着说：“程颢先生说：‘只穷理便尽性至命。’意思是只有将‘仁’做到极致，才能称为‘穷仁之理’；将‘义’做到极致，才能称为‘穷义之理’。‘仁’做到极致，就是穷尽了‘仁’的性；‘义’做到极致，就是穷尽了‘义’的性。

“按照您的逻辑，‘穷理’只需要自己认为功德圆满就可以了，却没有付诸‘行’，只做了半截儿就认为圆满了，天下哪有这样的道理呢？

“所以，认为懂得了却没做到，不能算是为学，更不能算是穷理。要知道‘知、行’是齐头并行、不可分割的，所以‘知’‘行’是一件事，不可以分为两件事来看。”

“天地万物之理，不外乎这颗认知的心。”天地万物与心是交互关系，每个人基于经历、认知等因素，看到的世界是不同的。譬如同样一棵树，在一个木匠眼里是做家具的原料；在一个园艺师的眼里，则是实现艺术的材料。同样的一棵树，在不同的木匠眼里也是不同的，在甲的眼里是做桌子的原料，在乙的眼里则是做椅子的原料。我的“理”，是我的心对这个世界的认知，与张三、李四的“理”是有分别的。张三、李四告诉我的“理”，只有我的心也如此认知时，才是我的“天下之理”。从这个角度来说，把我认知到的“理”归于天地万物，而不是我的“心”，就好比将“心”与“理”一分为二了。

阳明先生接着说：“‘博学、审问、慎思、明辨、笃行’的功夫，是踏踏实实的为学功夫。即便是困知、勉行的人，只要下百倍于别人的功夫，踏踏实实地去做，假以时日，一样可以做到‘尽性、知天’的境界，究其根本，无非是致良知而已，并不需要增加一丝一毫别的东西。

“如果穷尽天下之理，不内求于心，反而到天地万物上寻找，那么舍弃了我心中的良知，对于善恶真假，又用什么去体察呢？

“您说的‘气拘物蔽’，根本原因是不知道心外无理而已，想解决这个问题，应该对症下药，从根本入手。这个根本就是内求于心的致良知，而不是向外物寻求去除蔽障的办法，那样无疑是缘木求鱼了。人眼睛有毛病了，应该好好吃药治病，而不是昏头昏脑地寻求外界光亮。

“至于‘任情恣意’的危害，根本原因是自己的良知不够真切，心没有做好身之主宰而已。如果天理落在心体上，良知充盈，心居于正位，垂拱而治，又怎么可能有什么‘任情恣意’呢？

“‘知行合一’这件事，实在是差之毫厘谬以千里。您不要觉得我用词太尖刻，这部分必须说清楚，不说清楚会误导别人的。”

【137】
意的体用

【原文】

来书云:“教人以致知、明德,而戒其即物穷理,诚使昏暗之士,深居端坐,不闻教告,遂能至于知致而德明乎?纵令静而有觉,稍悟本性,则亦定慧无用之见;果能知古今、达事变,而致用于天下国家之实否乎?其曰‘知者意之体,物者意之用,格物如格君心之非之格’[①]。语虽超悟,独得不踵陈见,抑恐于道未相吻合。”

【老刘说】

顾东桥这封回信,写得比较尖锐。他说:“您教人致知、明德,却禁止他们即物穷理,等于让人深居端坐,不接触外界,这怎么可能做到致知、明德呢?

“您又说,即物穷理在事事物物上求是不对的,应该向自己内心求。悟性不高的人,就会理解成内心才是最重要的,心之外无所谓。这样就会误导这些人——找个安静的地方一坐,不管天下事,外边爱怎么着就怎么着,和我没关系。就算是这些人在静坐中有所觉悟,稍能悟到自己本来具有的天性,那也只是佛家的定慧之类无法入世治世的东西,是没有办法真正应对入世治世的实务的,更是偏离了‘修齐治平’的儒家根本。您这个搞法,纯粹是误人子弟。

“还有,您讲的‘格物’的‘格’字,如同‘格君心之非’的‘格’

① 《孟子·离娄上》:“孟子曰:‘人不足与适也,政不足与间也。唯大人为能格君心之非。君仁,莫不仁;君义,莫不义;君正,莫不正。’”

字，这些话虽然说得超凡脱俗，听着好像很有见地，但似乎和儒道并不相符。”

显然顾东桥的认知有些非黑即白，非对即错了。学习心学的时候，很忌讳思维是直线的。凡是和中华文化相关的东西，都要先把“三易之道”（即“简易，变易，不易”，出自郑玄《易论》）放在前面，不能非黑即白，非对即错，搞绝对化。

【原文】

区区论致知格物，正所以穷理，未尝戒人穷理，使之深居端坐而一无所事也。若谓即物穷理，如前所云“务外而遗内”者，则有所不可耳。昏暗之士，果能随事随物精察此心之天理，以致其本然之良知，则虽愚必明，虽柔必强，大本立而达道行，九经之属，可一以贯之而无遗矣；尚何患其无致用之实乎？彼顽空虚静之徒，正惟不能随事随物精察此心之天理，以致其本然之良知，而遗弃伦理，寂灭虚无以为常，是以要之不可以治家国天下。孰谓圣人穷理尽性之学，而亦有是弊哉！

心者，身之主也，而心之虚灵明觉，即所谓本然之良知也。其虚灵明觉之良知应感而动者，谓之意。有知而后有意，无知则无意矣。知非意之体乎？意之所用必有其物，物即事也。如意用于事亲，即事亲为一物，意用于治民，即治民为一物，意用于读书，即读书为一物，意用于听讼，即听讼为一物。凡意之所用，无有无物者；有是意即有是物，无是意即无是物矣，物非意之用乎？

“格”字之义，有以“至”字训者，如“格于文祖”[①]“有苗来格”[②]，是以“至”训者也。然“格于文祖”，必纯孝诚敬，幽明之间无一不得其理，而后谓之“格”；有苗之顽，实以文德诞敷而后

---

① 《尚书·舜典》：“归，格于艺祖。”“格”，意为至、到。“艺祖”，即文祖，尧的太庙。“格于艺祖”，即到文祖庙。

② 《尚书·大禹谟》：“七旬，有苗格。”意为有三苗到来。

格，则亦兼有“正”字之义在其间，未可专以“至”字尽之也。如“格其非心”“大臣格君心之非”之类，是则一皆“正其不正以归于正”之义，而不可以“至”字为训矣。且《大学》“格物”之训，又安知其不以“正”字为训，而必以“至”字为义乎？如以“至”字为义者，必曰“穷至事物之理”，而后其说始通。是其用功之要，全在一“穷”字，用力之地，全在一“理”字也。若上去一“穷”，下去一“理”字，而直曰“致知在至物”，其可通乎？

夫“穷理尽性”，圣人之成训，见于《系辞》者也。[①] 苟“格物”之说而果即“穷理”之义，则圣人何不直曰“致知在穷理”，而必为此转折不完之语，以启后世之弊邪？盖《大学》“格物”之说，自与《系辞》“穷理”大旨虽同，而微有分辨。“穷理”者，兼格、致、诚、正而为功也。故言“穷理”，则格、致、诚、正之功皆在其中，言“格物”，则必兼举致知、诚意、正心，而后其功始备而密。今偏举“格物”而遂谓之“穷理”，此所以专以“穷理”属“知”，而谓“格物”未常有“行”，非惟不得“格物”之旨，并“穷理”之义而失之矣。此后世之学所以析知、行为先后两截，日以支离决裂，而圣学益以残晦者，其端实始于此。吾子盖亦未免承沿积习见，则以为“于道未相吻合”，不为过矣。

【老刘说】

阳明先生回答说：“您这么理解，真的是冤枉我了，我什么时候说过禁止人穷理，深居端坐啥也不干了？务求于外和追求内在之间不是非此即彼、不能共存的关系，只是分个主次先后而已。我从没说过不让学的人去穷理，不让学的人去务实的话。

“我讲的心学，入世治世是其精髓所在，怎么可能教导学习的人偏离务实呢？朱熹先生讲的东西是把‘即物穷理’当作第一要务来做的，我讲的是先

---

① “穷理尽性”应出自《周易·说卦》，原文为“穷理尽性以至于命”，这里误忆为出自《周易·系辞》。

把心摆正，把存养良知放在首位，再谈其他的事情，这就是我和朱熹先生理论的根本区别所在。

“就算学习的人天资悟性比较差，无知愚昧，起点很低，也不要紧，只要能把心先放正，坚持在入世中体察自己心中的天理，致其本来就有的良知，坚持不懈，人就会变得聪明睿智，内心也会逐渐强大起来。

“按照这种方式，即便天资悟性不好的人，也能把五达道之类入世的事情处理好，也能对九经之类治世的事情触类旁通一以贯之而没有什么遗漏。能做到这些，对于学以致用，入世应对人情事变，还有什么好担心的呢？”

“五达道”指的是五种最基本的人际关系，即君臣、父子、夫妻、兄弟以及朋友关系。广义的君臣关系指的是上下关系，这五种人际关系就是天下通行的人际关系。

“九经”这里指的是《中庸》里的九经，原文是“凡为天下国家有九经，曰：修身也，尊贤也，亲亲也，敬大臣也，体群臣也，子庶民也，来百工也，柔远人也，怀诸侯也。”九经是治国平天下的九项具体工作，做好这九项工作，是天下大同的重要保证。

阳明先生接着说：“而您所讲的顽空虚静的这一类人，正是因为在应对人情事变中，没有随外物变化时时内求自己心中的天理，致自己本来就具有的良知，同时又遗弃了伦常之理。怎么可能指望这种人入世治世呢？”

对于入世而言，有两个极端是烦恼比较少的。一种是变成单细胞动物，啥也不管，自然就啥也不想，拥有着“弱智儿童快乐多”的状态。坠入顽空断灭，就是把自己的心封闭起来，不被红尘所扰，安于活在自己创造的世界里。没有万花丛中过的干扰，自然容易保持心态平和。另一种是存养本心，不断事上磨，从下学到上达，拥有洞悉真相的智慧。应对世间万物，如探囊取物般从容，坦坦荡荡的幸福感自然随之而来。

阳明先生说：“这就是我理解的圣人穷理尽性之学，我按照圣人本意来说，怎么可能会有弊端呢？

“心是身的主宰，心就是天地之气落到躯壳上的根本，失去这个根本，人就成了行尸走肉了。”

“心之虚灵明觉”，“虚”是说摸不着看不到的意思；“灵”是说感知触及就会有反应；“明觉”是说心就像一面一尘不染的镜子，有外物从前面经过，马上就能照出来。“心之虚灵明觉”就是心学中说的人本来就具有的良知。

“其虚灵明觉之良知应感而动者，谓之意”的“意”字，是会意字。从心从音，合起来表示发自内心的声音。虚灵明觉知觉到外物就会做出反应，就是意动。当心感知到物的时候的一涌动，就是意。意之所着为物，“物”指的是这股关注到“事”的气，“格物”就是把这股气导正。

心知觉到具体事物了，就会有意动，如果没有知觉到事物，自然就不会有意。意能产生，必定有其产生的对象，这个对象就是物，物就是事。

接着阳明先生举例，意用于事亲，事亲就是一物；意用于治民，治民就是一物；意在读书，读书就是一物；意在听讼，听讼就是一物。显然意和物是成对出现的，不能有意没物，也不能有物没意。

阳明先生接着说，“格物”的“格”，一般理解为“至、到达”，比如典故“格于文祖”“有苗来格”，都是这个意思。但是“格”如果仅仅理解成“至、到达”，意思未免就过于单薄了。

“格于文祖”出自《尚书·舜典》：“月正元日，舜格于文祖，询于四岳，辟四门，明四目，达四聪。”意思是，正月初一，舜先去拜尧的太庙，然后与四方诸侯议政，确定方针政策之后昭告天下。

阳明先生说，拜尧的太庙，舜一定会用一颗纯孝诚敬之心。无论何时何地，舜都能存养良知，没有一丝一毫不符合天理的念头。这里用“格”字，应该也有这层意思。

“有苗来格”中，以三苗的顽钝不化，要靠文德去感化，这里用“格”字，就有“正”的意思了。

像《尚书》中的“格其非心”“大臣格君心之非”之类，“格”字全部都是“正其不正以归于正”的意思，而不能解释成“至、到达”的意思。

综上所述，《大学》中“格物”的“格”字，应该理解成“正”，才符合圣人本意。

如果把“格”理解成“至、到达”的意思，“格物”就是“穷至事物之理”，只有这样理解，整个文意才能解释得通。这样的话，下功夫的重点就全在一个“穷”字上了，下功夫的对象，全在一个“理”字上了。如果上去掉一个“穷”字，下去掉一个“理”字，就成了“致知在至物”（到达“知”的路径在于穷尽物之“理”），这怎么可以讲得通呢？

圣人在《周易·系辞》里说“穷理尽性以至于命”，如果圣人认为“格物”就是“穷理”的意思，直接说“致知在穷理”就完了，干吗给后世人留下自相矛盾、含混不清的说辞呢？难道是圣人没事干绕圈圈吗？

《大学》中“格物”和《周易》中的“穷理”大意是相同的，细微之处稍有差异。

“穷理”兼有“格物、致知、诚意、正心”的内圣功夫，提到“穷理”，几乎就把“格物、致知、诚意、正心”的功夫都包含在其中了，也就是说“穷理”等于“格物、致知、诚意、正心”功夫的集合。而“格物”只是“穷理”范畴内的事情。

“格物”是不包含“行”的，把“格物”等同于“穷理”，等于把“穷理”认为是“知”，显然这是不妥当的。这样理解的结果，不但不能抓住“格物”的主旨，并且连“穷理”的意思也丢失了。

阳明先生最后总结说：“把‘格物’和‘穷理’混为一谈导致了儒学日益割裂，日益碎片化且晦涩难懂。后世求学的人，正是因为此处的谬误，才会把‘知’与‘行’分割为先后两截。您也未能免俗，所以才会认为我的说法偏离了儒道，这完全可以理解。

【138】
致知的解析

【原文】

来书云："谓致知之功，将如何为温凊、如何为奉养即是'诚意'，非别有所谓'格物'，此亦恐非。"

【老刘说】

顾东桥先生来信说："我听说您讲的致知的功夫，以孝亲为例，只要把温凊定省和如何奉养这些事情做到了，就算是达到诚意了。对此，我是不认同的。"

【原文】

此乃吾子自以己意揣度鄙见而为是说，非鄙人之所以告吾子者矣。若果如吾子之言，宁复有可通乎？盖鄙人之见，则谓意欲温凊、意欲奉养者，所谓"意"也，而未可谓之"诚意"，必实行其温凊奉养之意，务求自慊而无自欺，然后谓之"诚意"。知如何而为温凊之节、知如何而为奉养之宜者，所谓"知"也，而未可谓之"致知"。必致其知如何为温凊之节者之知，而实以之温凊；致其知如何为奉养之宜者之知，而实以之奉养，然后谓之"致知"。

温凊之事、奉养之事，所谓"物"也，而未可谓之"格物"。必其于温凊之事也，一如其良知之所知当如何为温凊之节者而为之，无一毫之不尽；于奉养之事也，一如其良知之所知当如何为奉养之宜者而为之，无一毫之不尽，然后谓之“格物”。温凊之物格，然后知温凊之良知始致；奉养之物格，然后知奉养之良知始致。故曰：“物格而后知至。”致其知温凊之良知，而后温凊之意始诚；致其知奉养之良知，而后奉养之意始诚。故曰：“知至而后意诚。”此区区“诚意、致知、格物”之说盖如此。吾子更熟思之，将亦无可疑者矣。

【老刘说】

首先要注意，“吾子”不是“我儿子”的意思，而是古时对别人的尊称，一般译为“您”。比如孙子、老子等，“子”字都是尊称。

阳明先生回答说：“顾先生您听别人这么一说，就认为我是这个意思，实际上我真不是这个意思。如果按照您的描述，是完全说不通的。

“我的意思是说，有个想给老父亲尽孝的意愿，只能算是‘意’，但算不上是‘诚意’，必须踏踏实实地落实这个意愿，同时做到问心无愧而不自欺才算是‘诚意’。

“同样，尽孝的行为，如果目的是算计老人家的遗产，装模作样，表面上做得漂亮，肯定算不上是‘诚意’。如果是发自内心觉得老父亲一辈子不容易，年轻的时候吃了很多苦，对自己付出太多，有浓浓的父子之情，不管怎样艰辛也要把事做好，这才算是真的‘诚意’。

“‘知’和‘致知’也不是一回事，‘知’是说自己知道对老人尽孝应如何做，比如说自己以前伺候过别的老人，对照顾老人驾轻就熟，知道怎么干，这是‘知’。把这些具体做法落实到自己父母身上，才算是‘致知’。对老人尽孝的具体做法，就是‘物’，但还不能称为‘格物’。完全依照自己良知指引去做，心中无一丝一毫的亏欠之处，才算是‘格物’。对双亲尽孝的‘物’被‘格’了，对双亲尽孝的‘良知’也就被‘致’了。”

阳明先生最后说：“《大学》中的‘物格而后知至’，‘致’了对双亲尽孝的‘良知’，对双亲尽孝意愿的‘意’才‘诚’。有了这个‘诚’字，孝敬双亲这个‘物’才能被‘格’。所以《大学》才说‘知至而后意诚’。您好好琢磨一下我对‘诚意、致知、格物’的说法，是不是这么回事。”

【139】
难于把握的权变

【原文】

来书云："道之大端易于明白，所谓'良知、良能'愚夫愚妇可与及者[①]。至于节目时变之详，毫厘千里之谬，必待学而后知。今语孝于温凊定省，孰不知之？至于舜之不告而娶[②]，武之不葬而兴师[③]，养志、养口[④]，小杖、大杖[⑤]，割股[⑥]、庐墓[⑦]等事，处常、处变，过与不及之间，必须讨论是非，以为制事之本，然后心体无蔽，临事无失。"

---

① 语出《中庸》。

② 《孟子·万章上》："万章问曰：'……舜之不告而娶，何也？'孟子曰：'告则不得娶。男女居室，人之大伦也。如告，则废人之大伦，对怼父母，是以不告也。"舜在没有告知父亲的情况下娶了尧的女儿为妻。孟子认为，舜的"不告而娶"是权变之下孝的体现。

③ 指周武王未葬其父周文王，就兴兵讨伐殷纣王。事见《史记·伯夷列传》。

④ 《孟子·离娄上》："曾子养曾皙，必有酒肉。将彻，必请所与。问有馀，必曰：'有。'曾皙死，曾元养曾子，必有酒肉。将彻，不请所与。问有馀，曰：'亡矣。'——将以复进也。此所谓养口体者也。若曾子，则可谓养志也。事亲若曾子者，可也。"

⑤ 《孔子家语·六本》："曾子耘瓜，误斩其根。曾皙怒，建大杖以击其背。曾子仆地而不知人久之。……退而就房，援琴而歌，欲令曾皙而闻之，知其体康也。孔子闻之而怒，告门弟子曰：'参来勿内。'曾参自以为无罪，使人请于孔子。子曰：'……舜之事瞽瞍，……小棰则待过，大杖则逃走。故瞽瞍不犯不父之罪，而舜不失烝烝之孝。今参事父，委身以待暴怒，殪而不避，既身死而陷父于不义，其不孝孰大焉？'"

⑥ 割股：指割股疗亲典故，意为孝子割自己腿上的肉来治疗父母的疾病。

⑦ 庐墓：古时，父母亡故之后，孝子应在墓旁搭建草棚，守孝三年，以表达对父母的追思怀念之情。

【老刘说】

顾东桥先生来信说，“道”的大方向是容易明白的，也就是“‘良知、良能’愚夫愚妇可与及者”。这句话出自《中庸》，原文是“君子之道费而隐。夫妇之愚，可以与知焉，及其至也，虽圣人亦有所不知焉”。意思是说，“道”是广大而精微的，就算是愚夫愚妇也是可以知道“道”的；但“道”的高深境界，即便是圣人也是无法企及的。这里有些抽象，打个比方来说明一下。譬如问：你对你的左手是否足够了解呢？显然大家都会说自己很了解。这个程度就是愚夫愚妇了解的“道”。如果再问：你左手的中指和食指哪个长一些？很多人是要看一下才能回答的。如果给你一张纸一支笔，让你把左手中指的指纹画出来，又有几个人能做到呢？

顾东桥接着说：“问题是光知道是没用的，要清楚具体执行的行动步骤，以及依据时机变化该采取什么样的应对策略，才有实际意义。没有具体的东西来参考，不同的人做起来就会‘失之毫厘谬以千里’，不先仔细学习一下具体执行步骤和应对策略，怎么可能做好呢？

“您举的例子，譬如要使父母冬暖夏凉、早晚给他们请安等，谁不明白？这么讲，线条就太粗了，是个人都知道，就如同问一个人知不知道自己有手一样，这种讲法对实际情况毫无参考价值。但万事都有特例，比如按照基本孝道，娶媳妇这样的大事，一定是要先禀报父母的，跟父母招呼都不打一个，就把婚事办了，显然是不符合孝道的。但舜不禀告父母就娶亲了，这究竟该算孝还是不孝呢？

“对于儿子来说，父母去世是头等大事，周武王没有安葬父亲，就出兵讨伐商纣，把讨伐的事情放在安葬的前面，算不算孝道呢？

“曾子侍奉曾皙时，不仅酒肉奉养，同时也很注重曾皙的精神感受。曾元侍奉曾子的时候，酒肉的奉养做得很好，但对曾子的精神感受照顾得不到位。孟子认为，做孝子应当像曾子一样，不仅要关注物质供给，还要注重其精神世界。

“曾子在瓜地锄草时，锄掉了瓜苗。其父大怒，用大杖将其打昏在地。曾子醒来后，先向父亲请安，又回到屋里弹琴唱歌，告知父亲自己安然无恙。孔子知道后很生气，教育曾子应当像舜那样侍奉父亲，父亲用小棍子打时则坦然承受，用大杖打时则逃跑，以免使自己受伤、使父亲背负不义之名。

“还有孝子割自己腿上的肉给父母治疗疾病；父母去世，孝子在墓旁搭建草棚，守孝三年，以表达对父母的追思怀念之情。

“入世面对种种事情，有的要持守常规，有的要适当变通，这其中的过与不及，尺度的把握，必须要有个标准，以参照行事。只有这样，才能做到心体不被蒙蔽，临事没有过失。”

顾东桥先生举出的典故都是关于孝道的，同样是尽孝，也是有分别的，孝亲很重要的一点是不要置父母于不义，不要让亲人为你蒙羞，这是需要权变的。很多讲国学的人，自己就是半桶水，把孝道讲成了盲从愚孝，着实误人不浅。殊不知盲从愚孝本身就是置父母于不义，显然是不孝的。心学是入世治世、应对人情事变的智慧之学，不是要把人教成非黑即白，脸谱化看世界。

【原文】

“道之大端易于明白”，此语诚然。顾后之学者忽其易于明白者而弗由，而求其难于明白者以为学，此其所以“道在迩而求诸远，事在易而求诸难”[①] 也。孟子云：“夫道若大路然，岂难知哉？人病不由耳。”[②] 良知、良能，愚夫、愚妇与圣人同；但惟圣人能致其良知，而愚夫、愚妇不能致，此圣、愚之所由分也。节目时变，圣人夫岂不知？但不专以此为学。而其所谓学者，正惟致其良知，以精察此心之天理，而与后世之学不同耳。吾子未暇良知之致，而汲汲焉顾是之忧，此正求其难于明白者以为学之弊也。

夫良知之于节目时变，犹规矩[③]、尺度之于方圆、长短也；节目时变之不可预定，犹方圆、长短之不可胜穷也。故规矩诚立，则不可欺以方圆，而天下之方圆不可胜用矣；尺度诚陈，则不可欺以长短，而天下之长短不可胜用矣；良知诚致，则不可欺以节目时变，而天下

① 语出《孟子·离娄上》。

② 语出《孟子·告子下》。

③ 规矩：指规和矩。规是校正圆形的工具，矩是校正方形的工具。

之节目时变不可胜应矣。毫厘千里之谬，不于吾心良知一念之微而察之，亦将何所用其学乎？是不以规矩而欲定天下之方圆，不以尺度而欲尽天下之长短，吾见其乖张谬戾，日劳而无成也已。

吾子谓："语孝于温凊定省，孰不知之？"然而能致其知者鲜矣。若谓粗知温凊定省之仪节，而遂谓之能致其知，则凡知君之当仁者，皆可谓之能致其仁之知，知臣之当忠者，皆可谓之能致其忠之知，则天下孰非致知者邪？以是而言，可以知致知之必在于行，而不行之不可以为致知也明矣。知、行合一之体，不益较然矣乎？

夫舜之不告而娶，岂舜之前已有不告而娶者为之准则，故舜得以考之何典，问诸何人，而为此邪？抑亦求诸其心一念之良知，权轻重之宜，不得已而为此邪？武之不葬而兴师，岂武之前已有不葬而兴师者为之准则，故武得以考之何典，问诸何人，而为此邪？抑亦求诸其心一念之良知，权轻重之宜，不得已而为此邪？使舜之心而非诚于为无后，武之心而非诚于为救民，则其不告而娶与不葬而兴师，乃不孝、不忠之大者。而后之人不务致其良知，以精察义理于此心感应酬酢之间，顾欲悬空讨论此等变常之事，执之以为制事之本，以求临事之无失，其亦远矣。其余数端，皆可类推，则古人致知之学，从可知矣。

【老刘说】

阳明先生回答说，道的大旨容易明白，这话很对。不过后世求学的人对容易明白的地方视而不见听而不闻，反而对晦涩难懂的地方汲汲以求，认为懂得别人不懂得的就是学问。

举个例子，对绝大部分人来说，车是代步工具，平安迅捷地完成出行就是妥当的用车方式，遵守交通规则好好开车很容易，也很平常，这正是用车的"道"。偏偏有些人不好好开车，去追求各种拉风的驾驶方式，似乎不玩点特技，不搞点惊险就算不得驾驶技术好。哗众取宠，吸引眼球，殊不知这样已经偏离了开车的根本。相反，能开一辈子车而没有过违章的人，才是有真本事，才叫真的驾驶技术好。

平常、平淡才是人生的真谛，“君子不器”就是机遇到来的时候，有能力舞出精彩；机遇没来的时候，如曾点所言“浴乎沂，风乎舞雩，咏而归”，坦坦荡荡地面对生活。

所以，孟子说：“道在迩而求诸远，事在易而求诸难”（“道”明明就在眼前，偏偏要舍近求远；事情明明可以简单容易地做好，有些人偏偏自找麻烦，自己给自己制造困难），“夫道若大路然，岂难知哉？人病不由耳”（《孟子》原文为“人病不求耳”。“道”就像大路一样，就在眼前，找到“道”哪有什么难度？只是有些人舍近求远，不去践行而已）。

人人都有良知良能，这点所有人都一样。愚夫愚妇和圣人的分别，就在于圣人能致良知，而愚夫愚妇不能致。

处理事情需要具体的执行步骤和应对策略，圣人怎么可能不知道呢？

圣人是不会把这些能摸得着看得见的下学，当作学问的根本的，学问的根本在上达。圣人所说的有学问的人，指的是那些能让天理完全落在心之本体上，时时存养良知，对心中良知的任何微小变化都可以清晰明了，并同步到入世治世的人情事变中的人。这和后世说的那些学问不是一码事，真正的学问和读书多少是没直接关系的。

顾东桥不懂学问的根本，是他没致自己良知的缘故。学问的根本在上达，而不是下学。把处理事情需要的具体执行步骤和应对策略当作学问的首要事情，是本末倒置了。这正是犯了把解决特例当本领的毛病，殊不知特例的事情一辈子也不见得能遇上一次，譬如孔乙己会写四种“茴”字，这种技能一辈子也很难用得到，可以说对入世治世是毫无用处的。顾东桥显然也有类似的毛病。

良知和具体应对的步骤、策略之间的关系，就像是圆规、直尺和具体几何图形之间的关系。有了画图的工具，自然什么样的几何图形都能画出来。如果没有画图工具，全靠手去绘，画图就变成一件很困难的事情了。只要有圆规和尺子，自然就不愁画方画圆，这是谁都知道的道理。

只要把尺子的刻度确定了，这把尺子就可以度量天下的东西，这些东西的长短就可以清楚了。同理，只要心中的良知清晰明了了，具体应对的步骤、策略也就清晰明了了。推而广之，心中良知充盈，心体不被遮蔽，入世治世的所有人情事变自然而然就了如指掌了，这个时候，入世治世还有什么难的？

如果顺序搞反了，就如同用没有刻度的尺子去测量东西，怎么可能得到准确的数呢？心里怎么可能清楚地知道要测量的东西的长短呢？

阳明先生接着对顾东桥说，“温凊定省”之类的事情，谁不知道呢？但是懂得和做到是两回事，懂得一堆大道理的人多了，真正能做到的有几个？看几本创业指南，就觉得自己能成为未来的亿万富翁，可是最终能成的又有几个？

知道作为君主应当“仁”的，如果不能致他的“仁”，就算不上是“仁君”；知道作为臣子应当忠（尽心无私），如果不能致他的“忠”，就算不上是“忠臣”。如果仅仅是知道就算做到了，那天天做白日梦就可以了，还“致知”干什么？岂不荒谬！

阳明先生总结说：“由此可知，要‘致知’就必须有‘行’，没有‘行’就不能算是‘致知’，这是很明白的事情！仅仅懂得是不够的，还要做到，打通‘懂得’和‘做到’的方法就是‘知、行合一’。‘知、行合一’就这么简单明了，还有什么不清楚呢？

“舜的不告而娶亲的依据不是因为以前有人这么做了，舜去效仿，更不是根据什么规定或者听什么人的指导。舜这么做只是反求自己的良知，权衡其中轻重，循理而行罢了。周武王不葬其父而出兵讨伐商纣，也是同样的道理，只是反求心中良知，循理而行而已。假如舜和周武王的心中没有个不自欺的‘诚’字，不告而娶与不葬而兴师就是极大的不孝不忠。

“后世人不努力究其根本，反而在细枝末节上用功，本末倒置的弊病很严重。凭空讨论应变的事情，并以此为处理事情的准则，还希望这样就能把事情处理得没有过失，实在是偏道太远了。您举的事例，以此类推，古人‘致知’的学说，也就清楚了。”

所谓“平平淡淡才是真”，上达功夫只在下学，总想找点秘籍、走点捷径，往往会欲速不达，越来越偏离目标。世人的通病却是喜欢走捷径，《老子》说“大道甚夷，而人好径”，意思是平坦大路人们偏偏不喜欢走，反而喜欢找坑坑洼洼、歪歪曲曲的小路走。虽然愚夫愚妇和圣人一样都具有良知良能，但只有圣人能致良知，愚夫愚妇不能致。

圣人很清楚成章建制都是前人制定的。如果不能与时俱进，而是墨守成规，无异于刻舟求剑。权变的参照基础应该是恒定不变的，也就是“致良知”。

如果把人比作一台计算机，“良知”就是这台计算机的操作系统，顾东桥讲的是应用软件的事情，阳明先生说的是操作系统的事情。只要操作系统是好的，任何应用软件都可以在这个系统上运行良好。如果操作系统本身就不健康，病毒一堆，装什么应用软件都很难保证其能够良好运行。

阳明先生强调先搞定操作系统，再运行应用软件，是个顺序的问题；顾东桥只谈应用软件的问题，却忽略了操作系统本身的重要性。一个说根本，一个说枝节；一个釜底抽薪，一个扬汤止沸。

“节目时变之详”，圣人不是不理会，而是放在后面解决。头等大事是致自己的良知，良知不致，其他都是“头疼医头，脚疼医脚”。

只有通过“行”，将良知判断为正确的“觉知”并将其“致”了，才是真正的“知”，也就是真正入世治世的“知行合一”。

【140】
知行在一以贯之

【原文】

来书云："谓《大学》'格物'之说，专求本心，犹可牵合；至于《六经》[1]《四书》所载'多闻多见'[2]'前言往行'[3]'好古敏求'[4]'博学审问''温故知新''博学详说'[5]'好问好察'[6]，是皆明白求于事为之际，资于论说之间者，用功节目固不容紊矣。"

【老刘说】

顾东桥先生来信说"阳明先生您把《大学》中的'格物'解释为专求自己的内心，勉强说得通。但我认为还是要把主要焦点放在具体事上，也就是处理事情需要的具体执行步骤和应对策略。《六经》《四书》中所讲的'多闻多见''前言往行''好古敏求''博学审问''温故知新''博学详说''好问好察'这些，说的也是同样的意思。'知'要在处事中求取，在辩论讲说中获得增益。做学问，功夫的顺序次第是不能乱来的。"

【原文】

"格物"之义，前已详悉，"牵合"之疑，想已不俟复解矣。至

① 《六经》：《诗》《书》《礼》《易》《春秋》《乐》。
② 语出《论语·为政》。
③ 语出《周易·易经上·大畜》。
④ 语出《论语·述而》。
⑤ 语出《孟子·离娄下》。
⑥ 《中庸》："舜好问而好察迩言。"

于“多闻多见”，乃孔子因子张之务外好高，徒欲以多闻多见为学，而不能求诸其心，以阙疑殆，此其言行所以不免于尤悔。而所谓见闻者，适以资其务外好高而已，盖所以救子张多闻多见之病，而非以是教之为学也。夫子尝曰：“盖有不知而作之者，我无是也。”[①] 是犹孟子“是非之心，人皆有之”之义也。此言正所以明德性之良知非由于闻见耳。若曰“多闻择其善者而从之，多见而识之”，则是专求诸见闻之末，而已落在第二义矣，故曰：“知之次也。”

夫以见闻之知为次，则所谓知之上者，果安所指乎？是可以窥圣门致知用力之地矣。夫子谓子贡曰：“赐也，汝以予为多学而识之者欤？非也，予一以贯之。”[②] 使诚在于“多学而识”，则夫子胡乃谬为是说以欺子贡者邪？“一以贯之”非致其良知而何？《易》曰：“君子多识前言往行，以畜其德。”夫以畜其德为心，则凡多识前言往行者，孰非畜德之事？此正知、行合一之功矣。

“好古敏求”者，好古人之学而敏求此心之理耳。心即理也，学者，学此心也，求者，求此心也。孟子云：“学问之道无他，求其放心而已矣。”非若后世广记博诵古人之言词，以为好古，而汲汲然惟以求功名利达之具于其外者也。“博学、审问”，前言已尽。“温故、知新”，朱子亦以“温故”属之“尊德性”矣。德性岂可以外求哉？惟夫“知新”必由于“温故”，而“温故”乃所以“知新”，则亦可以验知、行之非两节矣。

“博学而详说之”者，“将以反说约也”。若无“反约”之云，则“博学、详说”者，果何事邪？舜之“好问好察”，惟以用中而致其精一于道心耳。道心者，良知之谓也。君子之学，何尝离去事为而废论说；但其从事于事为、论说者，要皆知、行合一之功，正

---

① 《论语·述而》：“盖有不知而作之者，我无是也。多闻，择其善者而从之；多见而识之；知之次也。”

② 《论语·卫灵公》：“子曰：‘赐也，女以予为多学而识之者与？’对曰：‘然，非与？’曰：‘非也，予一以贯之。’”

所以致其本心之良知，而非若世之徒事口耳谈说以为知者，分知、行为两事，而果有节目先后之可言也。

【老刘说】

阳明先生回答说："'格物'这个事情，上封信已经说过了，这次就不浪费笔墨了。您说的典故，从字面上看的确有道理，但把背景考虑进去，就有点儿断章取义了。任何真理都有自己适用的条件和范围，不提限定条件而做结论就会变成谬误。"

阳明先生接下来举了《论语》"多闻多见"的例子，《论语》中的原话是"子张学干禄。子曰：'多闻阙疑，慎言其余，则寡尤；多见阙殆，慎行其余，则寡悔。言寡尤，行寡悔，禄在其中矣。'"

子张向孔子询问为官之道。孔子说："多听别人的话，有疑问的先保留，不要轻易下结论，要谨慎发言，挑有把握的说，只有这样才能减少过失。多看别人怎么行事，把自己觉得没有把握的放在一边，做自己有把握的事情，即便如此，也要谨慎。这样就不至于经常后悔。为官之道就在其中。"顾东桥要表达的意思是，孔子教自己的弟子要多闻多见，可见外在的闻、见非常重要。

阳明先生指出，孔子讲话的重点不是在"多闻"和"多见"上，重点在"多闻阙疑"中的"阙疑"和"多见阙殆"中的"阙殆"上。子张最大的本事是博闻强记，几乎是过目不忘，书读得特别多，喜欢四处炫耀，认为多闻多见才是学问，做事时不能时时反求自心。阅历、见闻越多，越会助长他养成致力于外、好高骛远的毛病。所以孔子所说，只是对症下药，只是针对子张的个人特质所开的药方。显然这个药方是有独特性的，并不是适合于所有人的灵丹妙药。

阳明先生接着说，孔子说"盖有不知而作之者，我无是也。多闻择其善者而从之，多见而识之，知之次也"。

这句的意思是说："有些人是没什么脑子的，不知道的事情也会想当然地去做，结果往往不太妙，我显然不是这种人。我会兼听则明，这就是次一等的'知'了。"

既然"多闻""多见"是次一等的"知"，是第二义。那么第一义不言自明，就是可以对所见所闻做出取舍的良知。从这里可以窥见孔门致知功夫的用力之处。

孔子对子贡说："赐也，汝以予为多学而识之者欤？非也，予一以贯之。"意思是"子贡呀，你觉得我现在的学问水平很高，是因为我读了很多书、有足够多的阅历吗？不是的，我只是'一以贯之'而已"。如果学问真的在于"多闻""多见"，孔子这么说岂不是在欺骗子贡吗？

"一以贯之"究竟什么意思，后人争议很大。阳明先生认为，"一以贯之"就是"致良知"。用白话说，人做任何事，都是一条线顺下来的，如同一棵树从根到梢，根就是"致良知"。根活了，整棵树才能生意盎然；根死了，再充足的阳光雨露也是没用的。人如果没有这个"良知"做主，再多的"多闻""多见"，也是无法真正凝聚起来滋养生命的，更别说什么"吾心光明"了。

《易经》上说："君子多识前言往行，以畜其德。"意思是"应当多多学习古圣先贤的言行，察言以求其心，蓄养自己的德行"。这句的重点是"畜其德"，"多识前言往行"只是服务于"畜其德"的。这正是知行合一的功夫啊！

"好古敏求"，出自《论语·述而》："我非生而知之者，好古，敏以求之者也。"意思是说"我也不是生而知之的，只是喜好学习古圣先贤的学问，效仿古圣先贤蓄养自己的德行，求的只是自己心中的理而已。"心就是理，学问无非自己内心天理的生发、展现而已。"求之者"无非此心而已。

孟子说："学问之道无他，求其放心而已矣。"意思是学问之道没有别的什么，不过就是把失去了的本心找回来罢了。后世的人把"好古"理解成通过广泛记诵古人的言词，用来追逐功名利禄，把"好古"当作粉饰于外的道具。这显然是错误的理解。

关于"博学、审问"，前面章节已经说过了，这里就不再啰唆了。

关于"温故、知新"，朱熹先生也认为"温故"属于"尊德性"的范畴，而"德性"显然是心内的东西。另外，只有"温故"才可以"知新"，这也说明知行不是两件事。

"博学详说"出自《孟子·离娄下》："博学而详说之，将以反说约也。"意思正如绚烂之极终归于平淡，博学详说归于简约。"博学详说"是手段，"反说约也"才是目的。如果没有这个目的，"博学详说"到底是为了什么呢?

舜的“好问好察”，只是用“中”而达到道心的精一。道心就是良知。

君子处世，又怎么可能完全脱离人情事变呢?

在入世治世的具体应对中，要点全在“知行合一”的功夫上，“知行合一”的功夫就是致本心的良知。那些嘴巴说说、耳朵听听就当作“知”的人，是根本没搞懂“知”“行”其实是一件事，还是把“知”和“行”当成两件事来看待，所以才扯出个先后次序的问题。

总结一下，良知的重要性是高于知识见闻的。阳明先生并不是轻视知识见闻，而是不认同把这些东西凌驾于良知之上。如果知识见闻凌驾于良知之上，心就成了大海孤舟，就随波逐流了，还谈什么心性功夫?

【141－1】

为我和兼爱之谬

【原文】

来书云："杨、墨[①]之为仁义，乡愿[②]之乱忠信，尧、舜、子之之禅让[③]，汤、武[④]、楚项[⑤]之放伐，周公、莽、操[⑥]之摄辅，谩无印证，又焉适从？且于古今事变、礼乐、名物，未尝考识，使国家欲兴明堂[⑦]，建辟雍，制历律，草封禅[⑧]，又将何所致其用乎？故《论语》曰'生而知之'者，义理耳。若夫礼乐、名物、古今事变，亦必待学而后有以验其行事之实，[⑨] 此则可谓定论矣。"

【老刘说】

顾东桥又来了一封信，这封信接着上一封信，引用了一大堆典故和朱熹

---

① 杨、墨：战国时，杨朱与墨翟并称"杨墨"。杨朱主张"为我""贵己"等，墨翟主张"兼爱""非攻"等。

② 乡愿：《论语·阳货》："乡愿，德之贼也。"指没有确定的原则、四面讨巧，貌似谨厚，实与流俗合污的伪善者。

③ 指尧禅让于舜，舜禅让于禹。"子之"是战国时燕王哙的国相，后哙效法尧，将燕国的政权交予子之。

④ 汤、武：商汤征伐夏桀而得天下，周武王征伐商纣王而得天下。

⑤ 楚项：指项羽。

⑥ 莽、操："莽"指王莽，"操"指曹操。汉平帝死后，王莽立孺子婴，先摄政，后篡位；曹操讨伐董卓，迎立汉献帝，自任丞相，挟天子以令诸侯。

⑦ 明堂：古代帝王会见诸侯、进行祭祀、发布政令、宣传教化等活动的场所。

⑧ 封禅：帝王祭天地的典礼。"封"是祭天，"禅"是祭地。

⑨ 朱熹《论语集注·述而》引尹焞注："盖生而可知者义理尔，若夫礼乐名物、古今事变，亦必待学而后有以验其实也。"

的话，来佐证自己的论点是对的。我们先把引用的典故说一下。

"杨、墨"指的是杨朱与墨翟，也就是杨子和墨子。杨子主张每个人把自己做好，不要去干扰别人，每个人都做好了，自然就天下太平了。这个想法是好的，但过于理想化，人的资质悟性不同，能修好自己的人毕竟不会太多，倡导这种思想，悟性不高的人难免会被误导，变得更加自私，这个世界就会变得更加冷漠。墨子主张兼爱，就是我爱路人像爱父母一样，反过来也一样，我爱父母就像爱路人一样。这显然是不太符合人性的，父母为你付出那么多，你对路人和对他们一样，这显然是不大公平的。人性都是有远近厚薄的，这样要求，有一部分人可能做得到，但大部分人是做不到的。杨、墨的主张看似仁义，但因为不符合人性规律，是没法推行下去的。

"乡愿"指的是没有确定的原则底线、四面讨巧，貌似谨厚，实则是与流俗合污的伪善者。孔子对乡愿非常厌恶，称为"德之贼也"。这类人喜欢迎合别人，完全没道德底线，哪怕有人做了一些很无耻很卑劣的事情，他们也会去迎合。

尧、舜时代，圣人以天下为己任，把良知放在首要位置，尧年纪大了，认为儿子丹朱不成器，决定从民间选用贤良之才，就把帝位禅让给了有德的舜。舜年纪大了，把帝位禅让给了有德的禹。

子之是战国时期燕国国相，子之为国相时，办事果断，善于监督考核臣属，得到燕王哙的赏识和重用。燕王哙因年老不再过问政事，从此"国事皆决于子之"。燕王哙听从鹿毛寿的建议，效法尧以天下让与许由的故事，把燕国政权都交给了子之。子之屁股坐稳之后就翻脸了，在宫殿后边弄了个房子把燕王哙关了起来，子之执掌朝政三年，致使燕国大乱。子之的做法完全是私心窃国。

"汤、武、楚项之放伐"，汤是商朝首领，后来推翻了暴君夏桀。"武"指的是周武王，西周的开国君主，他推翻了残暴的商纣王，拯救人民于水火，避免生灵涂炭。显然他们做事情时都把良知放在了首要位置。项羽是不一样的，项羽自立为西楚霸王后派人杀死了义帝熊心，这是弑君。

"周公、莽、操之摄辅"，周公是周文王姬昌的儿子，武王死了之后成王继位，但是成王年幼，于是周公摄政，成王大了之后，周公就把国家权力交给成王。周公一心为国，没什么私心。

“莽”是指王莽。王莽为西汉外戚王氏家族的重要成员，其人表面上谦恭俭让，礼贤下士，实际上却是沽名钓誉之辈。西汉末年，在汉哀帝早亡、皇权旁落的情况下，王莽乘机窃取大权。公元9年，王莽代汉建新，建元“始建国”，宣布推行新政，史称“王莽改制”。曹操“挟天子以令诸侯”，是指东汉末年，汉室日益衰弱，董卓废汉少帝刘辩，立献帝刘协。曹操将献帝迎至许昌，并以皇帝的名义号令诸侯。后面这两位显然都是把自己的私心放在前面的。

顾东桥说，这些事情只是见于史书中，却无从考证，让听的人不知道该听谁的。此外，如果不能以史为鉴，对礼乐、名物、古今事变加以考察识别，国家再去建明堂、建辟雍、制定历律、祭天祭地等，又有什么用呢？

明堂是帝王会见诸侯的场地，是国家领导人从事国务和外事活动的重要场所。

辟雍本为周天子所设大学，校址圆形，围以水池，前门外有便桥。东汉以后，历代皆有辟雍，作为尊儒学、行典礼的场所。

历律，推算音律以定历法。《大戴礼记·曾子天圆》中卢辩注：“历以治时，律以候气。”

封禅，“封”为“祭天”（多指天子登上泰山筑坛祭天），“禅”为“祭地”（多指在泰山下的小丘除地祭地）。即古代帝王在太平盛世或天降祥瑞之时祭祀天地的大型典礼。

“‘生而知之’者，义理耳。若夫礼乐、名物、古今事变，亦必待学而后有以验其行事之实”，意思是义理是可以生而知之的，但应对具体事情，必定是先学习再实践。

顾东桥认为这个就是定论了，核心意思就一个，学问的重心还是要放到具体事上，而不是放在心上。

【原文】

所喻杨、墨、乡愿、尧、舜、子之、汤、武、楚项、周公、莽、操之辨，与前舜、武之论，大略可以类推。古今事变之疑，前于良知之说，已有规矩尺度之喻，当亦无俟多赘矣。至于明堂、辟雍诸事，似尚未容于无言者。然其说甚长，姑就吾子之言而取正焉，则吾子之惑将亦可以少释矣。

【老刘说】

阳明先生回信说："您所说的杨朱、墨子，乡愿，尧、舜、子之、商汤、武王、项羽、周公、王莽、曹操等人的分别，与前面提到的舜不告而娶以及周武王不葬而兴师的情景大致相似，大体上是可以类推的。对于古今事变的疑惑，上一封信讲良知的时候，已经用规、矩、尺度做比喻加以说明了，这里就不再啰唆了。关于明堂、辟雍这些事情，还是很有必要详细说一下的。"

【原文】

夫明堂、辟雍之制，始见于吕氏之《月令》①，汉儒之训疏②，《六经》《四书》之中，未尝详及也。岂吕氏、汉儒之知，乃贤于三代之贤圣乎？齐宣③之时，明堂尚有未毁，则幽、厉④之世，周之明堂皆无恙也。尧、舜茅茨土阶，明堂之制未必备，而不害其为治；幽、厉之明堂，固犹文、武、成、康之旧，而无救于其乱，何邪？岂能"以不忍人之心，而行不忍人之政"⑤，则虽茅茨土阶，固亦明堂也；以幽、厉之心，而行幽、厉之政，则虽明堂，亦暴政所自出之地邪？武帝肇讲于汉，而武后盛作于唐，⑥其治乱何如邪？

天子之学曰辟雍，诸侯之学曰泮宫⑦，皆象地形而为之名耳。然三代之学，其要皆所以明人伦，非以辟不辟、泮不泮为重轻也。孔子

---

① 《月令》：出自《吕氏春秋》，按照一年12个月的时令记述祭祀礼仪、职务、法令、禁令等。

② 训疏：指郑玄等为儒家经典做注疏。

③ 齐宣：指齐宣王，战国时期，齐国国君齐宣王曾向孟子征询是否要毁明堂，孟子认为明堂是有道德且能一统天下的君主的殿堂，要行王政，便不可毁明堂。

④ 幽、厉：指周幽王和周厉王，均为暴君。

⑤ 《孟子·公孙丑上》："孟子曰：'人皆有不忍人之心。先王有不忍人之心，斯有不忍人之政矣。以不忍人之心，行不忍人之政，治天下可运之掌上。"

⑥ 汉武帝建元元年（前140），赵绾请立明堂，荐其师申公，武帝使使者迎之，始议改历、服色等事。垂拱年间，武则天下诏拆除乾元殿，建造明堂。

⑦ 泮宫：西周为诸侯子弟所设大学，建在泮水之旁。

云："人而不仁，如礼何？人而不仁，如乐何？"[①] 制礼作乐，必具中和之德，声为律而身为度者，然后可以语此，若夫器数之末，乐工之事，祝史[②]之守，故曾子曰："君子所贵乎道者三，笾豆之事，则有司存也。"[③] 尧"命羲、和[④]，钦若昊天，历象日月星辰"[⑤]，其重在于"敬授人时"也。舜"在璇玑玉衡"[⑥]，其重在于"以齐七政"也。是皆汲汲然以仁民之心而行其养民之政，治历明时之本，固在于此也。

【老刘说】

明堂与辟雍的记载，最早见于《吕氏春秋》和郑玄的注疏，《六经》和《四书》上都没有什么记载。为什么三代圣贤的经上没有提到明堂与辟雍呢？难道因为三代时候的圣贤水平不如吕不韦和郑玄吗？显然不是这样的。

尧、舜虽贵为君王，也一样住茅草房，垒土作台阶。古书说尧"茅茨不翦，采椽不斫；粝粢之食，藜藿之羹；冬日麑裘，夏日葛衣"，也就是说，住的是用没有修剪过的茅草芦苇、没有刨光过的椽子盖起来的简陋房子，吃的是粗粮，喝的是野菜汤，冬天披块鹿皮，夏天穿件粗麻衣，哪里有什么明堂呀！但当时天下大治，人民安居乐业。

齐宣王在位的时候，周朝建的明堂还有未被毁掉的，由此可知，周幽王、周厉王在位的时候，明堂还是完好无损的。虽然当时的制度还和文王、武王、成王、康王时的旧制相同，但因为有幽王、厉王这样的暴君，使得民不聊生，天下大乱。

---

① 语出《论语·八佾》。

② 祝史：古代掌管祭祀的人。

③ 《论语·泰伯》："君子所贵乎道者三：动容貌，斯远暴慢矣；正颜色，斯近信矣；出辞气，斯远鄙倍矣。笾豆之事，则有司存。"

④ 羲、和：羲氏、和氏分别是颛顼时代执行"绝地通天"命令的重、黎的后代。"重"后代中的一支成为羲氏，"黎"后代中的一支成为和氏。他们世代为掌天地之官，负责祭祀天地之神、观测天地变化的工作。

⑤ 《尚书·尧典》："乃命羲和，钦若昊天，历象日月星辰，敬授人时。"意思是：尧命令羲氏、和氏，谨慎遵循天道，推算日月星辰运行规律，制定历法，把天时节令告诉人民。

⑥ 《尚书·舜典》："正月上日，受终于文祖。在璇玑玉衡，以齐七政。"意思是：舜观察北斗七星，然后列出七项政事。《尚书大传》："七政者，谓春、秋、冬、夏、天文、地理、人道，所以为政也。"

为什么会这样呢？孟子说："人皆有不忍人之心。先王有不忍人之心，斯有不忍人之政矣。以不忍人之心，行不忍人之政，治天下可运之掌上。"意思是每个人都有怜悯体恤别人的心。古代圣王由于有怜悯体恤别人的心，所以才有怜悯体恤百姓的政治。用怜悯体恤别人的心，施行怜悯体恤百姓的政治，治理天下就可以像在手掌心里面运转东西一样容易了。

这正说明仁心比明堂重要得多。做君王的要用仁德之心怜恤百姓，施行仁政，才能天下大同，有没有明堂并不重要。

阳明先生接着举例说，汉武帝的时候，赵绾、王臧等人上奏请立"明堂"，筹备"封禅"大典。虽然汉武帝刘彻开疆拓土，但代价是当时全国人口减半，民间差不多是家家死人，有的甚至都死绝了。从治国角度看，这肯定算不上是仁政了。武则天把乾元殿改作明堂，从一个母亲的角度来讲，把儿子的位置占了，算不上什么正统的事情。就汉武帝和武则天来说，有明堂并不代表天下治理得就好，这是两回事。

明堂说完了，先生接着讲辟雍。天子建的学校称为辟雍，诸侯建的学校称为泮宫，辟雍、泮宫都是以地形命名，辟雍四面环水，泮宫三面环水。夏、商、周三代的教育重点是明人伦，并不是把"辟"是否像玉璧，"泮"是否环水看得很重要。

建明堂、辟雍归根结底是学明人伦，把人心治理好才是第一要义，其他有形的东西都是延伸出来的，并不是根本。

孔子说："人而不仁，如礼何？人而不仁，如乐何？"意思是"一个人心中没有仁，遵守礼仪做样子有什么用？一个人心中没有仁，要礼乐又有什么用？""乐"在这里指礼乐，礼乐是外在的，仁是内在的。

礼乐和乐器是两回事，做礼乐是为了推广德行，起的是教化作用。如果连根本的德行都没有的话，做这些东西又有什么用呢？礼仪、乐器的细节和技巧，是祝史和乐工的工作，不是礼乐的根本。所以曾参说："君子所贵乎道者三，笾豆之事，则有司存也"（君子重视道有三个方面，至于祭祀和礼节仪式，自有主管这些事物的官吏来负责）。

尧命令羲氏、和氏，谨慎遵循天道，推算日月星辰运行规律，制定历法，把天时节令告诉天下。舜观察北斗七星，列出七政。这些都是用勤勉仁爱之心治理天下，制定历法等事情的根本，正是在这里。

【原文】

羲、和历数之学，皋[1]、契[2]未必能之也，禹、稷未必能之也，尧、舜之知而不遍物[3]，虽尧、舜亦未必能之也，然至于今循羲、和之法而世修之，虽曲知小慧之人、星术浅陋之士，亦能推步占候[4]而无所忒，则是后世曲知小慧之人，反贤于禹、稷、尧、舜者邪？

“封禅”之说，尤为不经，是乃后世佞人谀士所以求媚于其上，倡为夸侈，以荡君心而靡国费，盖欺天罔人、无耻之大者，君子之所不道，司马相如[5]之所以见讥于天下后世也。吾子乃以是为儒者所宜学，殆亦未之思邪？

【老刘说】

阳明先生说，羲氏与和氏在推算天文历法方面的专业能力，皋陶、契、禹、稷不一定有。即便尧、舜去做羲氏与和氏的工作，也不见得一定就比他们做得更好。但是，随着天文历法方面的进步，有点儿小聪明的人只要肯努力学习，也能做到推算历法、占卜天象不会有什么闪失。难道这些有点儿小聪明的人反而比禹、稷、尧、舜更贤能吗？

关于封禅这件事情，更是荒诞不经，是奸佞谄谀的人为了献媚主上，溜须拍马的手段。浪费国家财力，是欺天骗人的无耻行径，为君子所不齿。当

---

① 皋（gāo）：即皋陶，是与尧、舜、大禹齐名的“上古四圣”之一，以正直闻名天下。相传皋陶的主要功绩有制定刑法和教育，坚持公正；刑教兼施，要求父义、母慈、兄友、弟恭、子孝，使社会和谐，天下大治。

② 契：是尧舜时期分管教育的大臣，负责教化和礼仪，使人们知“五伦”，明礼仪，做到“九族既睦”。

③ 《孟子·尽心上》：“知者无不知也，当务之为急；仁者无不爱也，急亲贤之为务。尧、舜之知而不遍物，急先务也；尧、舜之仁不遍爱人，急亲贤也。”意思是，智者没有什么事物不该知道，但是会优先知道当前最重要的事情；仁者没有什么人不该爱，但会优先爱德才兼备的贤人。以尧、舜的智慧他们也不可能什么都知道，但会优先知道重要的事情；以尧、舜的仁德他们也不能够爱所有的人，但会优先爱德才兼备的贤人。

④ 推步占候：推算历法、占卜天象。

⑤ 司马相如：字长卿，成都人，西汉著名文学家。为迎合汉武帝的心意，撰写《封禅文》，受后世讥讽。

年司马相如给汉武帝写了一篇《封禅文》，世人虽评价他有文采，但笑话他是马屁精。

阳明先生说："您认为这是为儒者该学的吗？建议您还是要更加深入地思考一二。"

【原文】

夫圣人之所以为圣者，以其生而知之也。而释《论语》者曰："'生而知之'者，义理耳。若夫礼乐、名物、古今事变，亦必待学而后有以验其行事之实。"夫礼乐、名物之类，果有关于作圣之功也，而圣人亦必待学而后能知焉，则是圣人亦不可以谓之"生知"矣。谓圣人为"生知"者，专指义理而言，而不以礼乐、名物之类，则是礼乐、名物之类无关于作圣之功矣。圣人之所以谓之"生知"者，专指义理而不以礼乐、名物之类，则是"学而知之"者，亦惟当学知此义理而已。"困而知之"者，亦惟当困知此义理而已。今学者之学圣人，于圣人之所能知者，未能"学而知之"，而顾汲汲焉求知圣人之所不能知者以为学，无乃失其所以希圣之方欤？凡此皆就吾子之所惑者而稍为之分释，未及乎拔本塞源之论也。

【老刘说】

圣人之所以成为圣人，因为圣人生而知之，也就是生下来就知晓"道"，所思所想、所行所止都是符合"道"的。朱熹在注释《论语》的时候说："义理是可以生而知之的。但关于具体事情的应对，必定是先学习再实践才行得通。"

朱熹这么说是值得商榷的，如果处理事情的具体执行步骤和应对策略，真的与成圣的功夫相关，圣人也就不可能"生而知之"了，必须等学了之后才能知。

说圣人"生而知之"，是专就义理而言，"义理"指的自然还是我们前面反复提及的"良知"，而圣人"知义理"，自然还是指他们能致其良知，而不是从处理事情所需要的具体执行步骤和应对策略等方面说的。也就是说这些事情和成为圣人是没什么直接关系的。

圣人的“生而知之”，仅指义理，并不包含礼乐、名物这些事情。“学而知之”的意思就是通过“学”（处理事情需要具体的执行步骤和应对策略等）来“知”（义理）罢了；“困而知之”的意思是通过“困知、勉行”的方式，达到“知”罢了。

阳明先生接着说：“顾先生您是把事物的外在表现形式当作学习的对象，而忽略了儒道的精神实质，要知道事物的精神实质要远重于外在的表现形式。您这个思维模式是典型的‘买椟还珠’。

“天地万物的外在表现形式是千变万化的，不可尽数，神仙也做不到全知全能，更何况我们这些凡人。不去虚心学习圣人具备的东西，反而汲汲然去追求那些圣人也无法全部通晓的东西，岂不是本末倒置！”

所以，学习圣人，就是学习他们能致良知，而不是那些流于外在形式的“礼乐、名物”。这里阳明先生并非是说处理事情的具体执行步骤、应对策略这些事情不重要，而是说“致良知”是灵魂，“礼乐、名物”是躯壳，失去灵魂，躯壳只是行尸走肉而已。

最后阳明先生说：“我以上所说的这些，只是针对您的疑问进行答疑而已，还没涉及拔本塞源这一根本论点。”

【141 －2】
拔本塞源之论

【原文】

夫拔本塞源[①]之论不明于天下，则天下之学圣人者，将日繁日难，斯人沦于禽兽、夷狄，而犹自以为圣人之学。[②]

吾之说虽或蹔明于一时，终将冻解于西而冰坚于东，雾释于前而云滃[③]于后，呶呶焉危困以死，而卒无救于天下之分毫也已。夫圣人之心，以天地万物为一体，其视天下之人，无外内远近，凡有血气，皆其昆弟赤子之亲，莫不欲安全而教养之，以遂其万物一体之念。

天下之人心，其始亦非有异于圣人也，特其间于有我之私，隔于物欲之蔽，大者以小，通者以塞，人各有心，至有视其父子兄弟如仇雠者。圣人有忧之，是以推其天地万物一体之仁以教天下，使之皆有以克其私，去其蔽，以复其心体之同然。其教之大端，则尧、舜、禹之相授受，所谓"道心惟微，惟精惟一，允执厥中"；而其节目，则舜之命契，所谓"父子有亲，君臣有义，夫妇有别，长幼有序，朋友有信"[④] 五者而已。唐、虞三代之世，教者惟以此为教，而学者惟以

① 拔本塞源：意为拔出树根，堵塞水源，比喻从根本上破坏。

② 本段文字清人陈龙正曾以"拔本塞源论"为名单独刻行，是王阳明最著名、最具代表性的论著之一。

③ 云滃：云起之意。

④《孟子·滕文公上》："圣人有忧之，使契为司徒，教以人伦：父子有亲，君臣有义，夫妇有别，长幼有叙，朋友有信。"

此为学。当是之时，人无异见，家无异习，安此者谓之圣，勉此者谓之贤，而背此者虽其启明如朱[①]，亦谓之不肖；下至闾井、田野，农、工、商、贾之贱，莫不皆有是学，而惟以成其德行为务。何者？无有闻见之杂，记诵之烦，辞章之靡滥，功利之驰逐，而但使之孝其亲，弟其长，信其朋友，以复其心体之同然。是盖性分之所固有，而非有假于外者，则人亦孰不能之乎？

学校之中，惟以成德为事。而才能之异，或有长于礼乐、长于政教、长于水土播植者，则就其成德，而因使益精其能于学校之中。迨夫举德而任，则使之终身居其职而不易。用之者惟知同心一德，以共安天下之民，视才之称否，而不以崇卑为轻重，劳逸为美恶；效用者亦惟知同心一德，以共安天下之民，苟当其能，则终身处于烦剧而不以为劳，安于卑琐而不以为贱。当是之时，天下之人熙熙皞皞[②]，皆相视如一家之亲；其才质之下者，则安其农、工、商、贾之分，各勤其业，以相生相养，而无有乎希高慕外之心。

其才能之异，若皋、夔、稷、契[③]者，则出而各效其能。若一家之务，或营其衣食，或通其有无，或备其器用，集谋并力，以求遂其仰事俯育之愿，惟恐当其事者之或怠而重己之累也。故稷勤其稼，而不耻其不知教，视契之善教，即己之善教也；夔司其乐，而不耻于不明礼，视夷之通礼，即己之通礼也。盖其心学纯明，而有以全其万物一体之仁，故其精神流贯，志气通达，而无有乎人己之分、物我之间。譬之一人之身，目视、耳听、手持、足行，以济一身之用。目不耻其无聪，而耳之所涉，目必营焉；足不耻其无执，而手之所探，足必前焉。盖其元气充周，血脉条畅，是以痒疴呼吸，感触神应，有不言而喻之妙。此圣人之学所以至易至简，易知易从，学易能而才易成

① 朱：即丹朱，尧的儿子，自幼聪慧，但尧认为他“顽嚣”“不肖”，故而禅位给舜。

② 熙熙皞皞：“熙熙”指和乐的样子，“皞皞”指广大的样子。

③ 皋、夔、稷、契：四人都是舜的臣僚。皋执掌刑法，夔主管典乐，稷负责农事，契管理教育。

者，正以大端惟在复心体之同然，而知识技能非所与论也。

【老刘说】

拔本塞源的意思是拔出树根，堵塞水的源头，比喻从根本上破坏掉。

阳明先生说，如果“拔本塞源”这个事情不说清楚的话，天下学习圣人的人就会越来越偏离根本，随着知“道”的人越来越少，最后大家难免沦为“禽兽、夷狄”，最后断绝了根本。即便有人暂时明白了圣人之学，也会像西边解了冻，东边又结了冰；前面散了雾，后面又升起了云一样，始终不能从根本上解决问题。如同治病找不到根源，只能头疼医头脚疼医脚，病人是没办法真正恢复健康的。

阳明先生话讲得很重，“禽兽、夷狄”说的到底是什么？就是丛林法则，弱肉强食，为了利益，不择手段。一旦良知泯灭，大家的心被私欲所遮蔽，亲朋好友，甚至父子兄弟之间，也会为一点儿鸡零狗碎的利益，反目成仇。

《老子》说：“吾所以有大患者，为吾有身；及吾无身，吾有何患?”人拥有一个现实存在的血肉躯壳，这是人存活于世的最基本前提，而世上一切问题的根源，也都是从这个躯壳开始的。肚子需要食物，成人后需要婚配等，所有需要，都是为了满足躯壳的需求。这也是“天下熙熙，皆为利来；天下攘攘，皆为利往”的原因。

“圣人不仁，以百姓为刍狗”，并不是说圣人不拿天下人当人看。而是说圣人之心，视天地万物为一体，看待天下人，不分内外远近，皆是亲人。天下人的心，初始状态和圣人之心是没有什么分别的，只是后来被自我的私欲遮蔽，原本廓然大公的心变得充满私欲，原本通达的心变得梗阻。

这种情况，如果不加以遏制和导正，必然会把人间变成地狱。在私欲的诱导下，出现争夺、暴力、流血、死亡等。人与人之间的争夺，上升到国与国之间，族群与族群之间，就是战争、冲突。当私欲淹没人性，人性的黑暗完全遮蔽掉人性光明的时候，人就会异化成“禽兽、夷狄”，最后触动天道被反噬，有可能会毁掉整个人类。

圣人为此而忧心忡忡，希望以一颗仁心来教化天下，让人们都克去私心，拭去遮蔽，恢复人性中光明的一面。圣人在思考实现这个目的的时候，是把人类作为一个整体来看的。

圣人之教的源头是“人心惟危，道心惟微，惟精惟一，允执厥中”这十六字心法，落脚点在“父子有亲，君臣有义，夫妇有别，长幼有序，朋友有信”五伦，这也是人类社会的基本伦理框架。

儒学修“心有良知”的落脚点就是五伦。尧、舜和夏商周时，教化的人只是教这些，学的人也只是学这些，整个社会风气非常好。居上位者身教言传，比如尧帝的长子丹朱虽然非常聪明，但尧觉着丹朱不肖，不能以天下为公，就把帝位禅让给了舜。

即便是贩夫走卒这样的底层人民，也以完善自己的德行作为人生的目标，当时的社会评价体系非常简单，就是以德行作为标准。社会体系中的杂音很少，没有对功利的追逐，有的只是教人如何孝顺父母、敬重兄长、取信朋友。这些本来就是人性中固有的，不需要求借于外，又有谁会做不到呢？

在当时的学校之中，以教导学生取得道德成就为核心目的，个人术业成就为次要目的。无论你擅长什么方向，都可以依据自己的天赋特长，成就各自的德行。譬如做个好农民，首先是“好”，然后才是“农民”，有这个“好”在前面，就容易在自己擅长的方面更加精益求精。

国家根据每个人的德才情况进行任命，被任命的人终身从事与其德才相称的工作，不以地位职务分高低，不以工作条件和待遇分好坏。在其位谋其政，司其职，乐天安命，天下人视彼此像一家人。

每个人各自努力做好自己的本职工作，没有好高骛远、觊觎外求的念头。才能卓越的人，像皋陶、夔、稷、契等，就各显其能，只会为自己从事的事业未能尽力而歉疚。

社会成为一个有机的整体，稷擅长农业，根本不必担心自己不懂教育，因为会有契这样懂教育的专家来解决教育问题，稷干好自己的农业就可以了。同样会有夔主管乐舞。作为一个社会大机器，每个零件都发挥好自己的作用，机器自然就会良好运转。

就像一个人的身体，只要作为主宰的心正了，每个器官都能正常发挥自己的作用，人就是健健康康的。这其中有不言而喻的妙处。

圣人治世的学问之所以至简至易，易知易从，易学习，易成才，根本原因在于其侧重恢复人心中共同具有的义理，而不是知识技能方面的事情。

儒家认为人与人之间的远近亲疏，也是理之本然的表现形式，亲疏厚薄本就是循理而行。

伦理道德的产生是对“为我”观念的升华，而不是对“为我”观念的扼杀。伦理道德从实际作用看，扼杀“私欲”（溢出的欲望部分）反而扩大了“为我”的范围。因为人与人之间关系的和谐稳定，保证作为个体的人，可以更加可持续、顺畅、合理地获取“为我”的需求。

【原文】

三代之衰，王道熄而霸术焻；孔、孟既没，圣学晦而邪说横。教者不复以此为教，而学者不复以此为学。霸者之徒，窃取先王之近似者，假之于外以内济其私己之欲，天下靡然而宗之，圣人之道遂以芜塞。相仿相效，日求所以富强之说、倾诈之谋、攻伐之计，一切欺天罔人，苟一时之得，以猎取声利之术，若管、商、苏、张①之属者，至不可名数。

既其久也，斗争劫夺，不胜其祸，斯人沦于禽兽、夷狄，而霸术亦有所不能行矣。世之儒者慨然悲伤，搜猎先圣王之典章法制，而掇拾修补于煨烬之余，盖其为心良亦欲以挽回先王之道。圣学既远，霸术之传积渍已深，虽在贤知，皆不免于习染，其所以讲明修饰，以求宣畅光复于世者，仅足以增霸者之藩篱，而圣学之门墙，遂不复可睹。于是乎有训诂之学，而传之以为名；有记诵之学，而言之以为博；有词章之学，而侈之以为丽。若是者，纷纷籍籍，群起角立于天下，又不知其几家，万径千蹊，莫知所适。

世之学者如入百戏之场，欢谑跳踉，骋奇斗巧，献笑争妍者，四面而竞出，前瞻后盼，应接不遑，而耳目眩瞀②，精神恍惑，日夜遨游淹息其间，如病狂丧心之人，莫自知其家业之所归。时君世主亦皆

---

① 管、商、苏、张：“管”即管仲，帮助齐桓公成为春秋五霸之一的能臣；“商”即商鞅，帮助秦国实行变法，使得秦国崛起；“苏”即苏秦，游说六国合纵抗秦；“张”即张仪，以连横之说策动六国与秦交好。四人均有杰出的治世之才，但都不是儒家。

② 眩瞀：混乱不清。

昏迷颠倒于其说，而终身从事于无用之虚文，莫自知其所谓。间有觉其空疏谬妄、支离牵滞，而卓然自奋，欲以见诸行事之实者，极其所抵，亦不过为富强功利、五霸[①]之事业而止。圣人之学日远日晦，而功利之习愈趋愈下。其间虽尝瞽惑于佛、老，而佛、老之说卒亦未能有以胜其功利之心；虽又尝折衷于群儒，而群儒之论终亦未能有以破其功利之见。

盖至于今，功利之毒沦浃于人之心髓，而习以成性也几千年矣。相矜以知，相轧以势，相争以利，相高以技能，相取以声誉。其出而任也，理钱谷者则欲兼夫兵刑，典礼乐者又欲与于铨轴[②]，处郡县则思藩臬[③]之高，居台谏[④]则望宰执[⑤]之要。故不能其事，则不得以兼其官；不通其说，则不可以要其誉；记诵之广，适以长其敖也；知识之多，适以行其恶也；闻见之博，适以肆其辨也；辞章之富，适以饰其伪也。是以皋、夔、稷、契所不能兼之事，而今之初学小生皆欲通其说，究其术。其称名僭号，未尝不曰吾欲以共成天下之务，而其诚心实意之所在，以为不如是则无以济其私而满其欲也。

呜呼！以若是之积染，以若是之心志，而又讲之以若是之学术，宜其闻吾圣人之教，而视之以为赘疣枘凿，则其以良知为未足，而谓圣人之学为无所用，亦其势有所必至矣！呜呼！士生斯世，而尚何以求圣人之学乎！尚何以论圣人之学乎！士生斯世，而欲以为学者，不亦劳苦而繁难乎！不亦拘滞而险艰乎！呜呼，可悲也已！

所幸天理之在人心，终有所不可泯，而良知之明，万古一日，则其闻吾拔本塞源之论，必有恻然而悲，戚然而痛，愤然而起，沛然若决江河，而有所不可御者矣。非夫豪杰之士，无所待而兴起者，吾谁

① 五霸：春秋五霸，通常指齐桓公、晋文公、秦穆公、楚庄王、宋襄公。

② 铨轴：吏部要职。

③ 藩臬："藩"指一省最高负责官吏的藩司，"臬"指巡视各省的臬使。

④ 台谏：御史台与谏议大夫。

⑤ 宰执：宰相，执掌大权者。

与望乎?

【老刘说】

夏商周之后，王道衰败，霸术异军突起蔓延开来。所谓王道，就是做王的人心正，进而天下正；所谓霸道（霸术），就是利益为先，流氓法则。阳明先生认为霸术算不上道，只是操作层面的东西，而王道才算是道。

孔子、孟子过世之后，儒家的圣人之学衰微而邪说盛行。教授学问的人不再以圣人之学作为教学宗旨，求学的人也不再将圣人之学当作学问。

霸术的倡导者，挂羊头卖狗肉，假公济私，把古圣人的东西当成包装盒，掺杂自己的私欲在其中，不再是以良知为核心，而是以利益为核心。天下跟风效仿的人越来越多，圣人之道因此更加衰微。

这些人将关注点放在了所谓富国强兵的学说、尔虞我诈的谋略、攻占讨伐的计策，以及做些上违天良、下逆人情的事情上，并把这些作为获取名利的手段。

阳明先生举了管仲、商鞅、苏秦、张仪用霸术的例子。

管仲的重商政策，使齐国工商业繁荣发达，依靠国家垄断商业及经营（计划经济）而致富成为强国。

商鞅变法之前，秦国地处荒凉的西北高原，物产稀少，靠游牧和狩猎为生。商鞅主政，迅速统一思想，提出了靠战争立国的发展思路。商鞅从军爵制度开始，取消贵族世袭制度，收回特权，不管出身贵贱，只要有军功战绩，都可以根据杀敌多少获得相称的爵位，获得功名富贵。同时采取“愚民政策”，不允许有反对改革的声音，渭河边论法，一次就诛杀了七百多反对者。

苏秦和张仪，一个是合纵，合六国抗强秦；一个是连横，让一些国家和秦国联合起来破合纵。

管仲、商鞅、苏秦、张仪这些人，在我们现在看来，要么是杰出的政治家，要么是非常厉害的牛人，当世之豪杰。但这些人在阳明先生眼里只是在玩弄霸术，他们把利益放在仁义前面，所作所为还处于“术”的层面，而未达到道的层面。阳明先生气象之高远，让吾辈难以望其项背，这也是我对阳明先生非常佩服和敬仰的原因。

从功利的角度来说，这些人都是天才。但从儒学的角度看，随着霸术横行，春秋战国王朝更迭，攻伐不断，天下大乱，人命如草芥，生灵涂炭。社会变成一个弱肉强食的丛林，人类追求的美好不复存在。

世上信奉儒学的人仰天长叹，感极而悲，搜求早先时代圣人之学的断简残篇，拾掇修补，希望可以回到圣人之道治理天下的美好时光。

然而，这个时候的圣人之学，已经成为遥远的传说，霸术流传甚广，早已扎根于人心，即便贤能的智者，也无法避免被其流毒所污染，他们所讲习的圣人之学，也不可避免地会掺杂霸术的东西，已经不是原来该有的样子了。

于是有了训诂之学，通过传播对圣人之学的考证成果而获取名声；于是有了记诵之学，通过成为两脚书橱来显示知识渊博；于是有了辞章之学，通过辞藻堆砌以追求外在的华丽。诸如此类，争奇斗艳，纷纷登场。

世上求学的人，如同进了个表演各种节目的大剧场，人声嘈杂，卖笑争妍，竞相而出，令求学的人目不暇接，根本分不清楚其中分别，更难于找到真正的正道。

当世的君主，也被这些花样繁多的学说弄得神魂颠倒，终身沉迷这些不知所云、不知何用的东西，越到后来支离破碎、空疏荒谬的东西越多，知道的东西越多，自己越迷糊。用一辈子的时间和精力，奋发图强，做一些实实在在的事情时，做到极致，也不过是富国强兵，追求名利，类似于春秋五霸的事业而已。

圣人之学日渐远去，而追逐功利的风气越来越大行其道。其间，虽然也曾流行过佛家、道家两家学说，但佛、道两家的学说因其自身的局限性终究不能战胜社会的功利之心。

后起群儒的学说，都不外乎是打着圣人之学旗号的功利之学，读书的目的从“穷则独善其身，达则兼济天下”变成了“书中自有颜如玉，书中自有黄金屋”。正因为整个世道人心都被功利之学的“霸术”思想所污染，以至于真正的圣人之学反而遭到了世人的遗弃，所以阳明先生才要发出振聋发聩的疾呼，希望能警醒良知未泯的世之君子，将圣人之学发扬光大，正本清源于天下。

几千年来，人们堕入功利之中，在私欲的牵引下，做出种种偏离人性良知的事情。争名逐利，乐此不疲，管钱粮的又想兼管军事和刑律，掌管礼乐的又想拥有选拔官员的权力，职掌谏议的又觊觎着宰相的职位，在县一级的又想着爬到省一级上去。

对于堕入功利的人，博闻强记会助长骄傲；知识渊博，刚好用来钻空子作恶；阅历丰富，用以肆意诡辩；文笔强悍，正好可以掩饰虚伪。

所以，皋陶、夔、稷、契都不能兼备的本事，如今一个有点儿小聪明的初学者，就想完全掌握其中的理论和技巧，用来欺世盗名。打着“我想要完成天下人共同的事业”的旗号，骨子里考虑的则是自己的欲望是否得到满足。

唉，被功利之心完全主导的人，听到圣人之教，当然会与之格格不入，因为圣人之道追求的不是这些东西。这类人认为良知不足学，圣人之学没有用处，也就是理所当然的事情了。

唉，生在这样的时代还要怎么探求圣人的学问呢？还要怎么谈论圣人的学问呢？活在这种氛围的世道上，想要追求圣人之学，岂不是太累、太苦、太繁、太艰险了吗？

值得庆幸的是，天理自在人心，人性光明的一面总是存在于世，相信人性中的美好，人心中良知所散发的光明，万古如一日。志士仁人听了我的拔本塞源之论，一定会愤然而起，就像决堤的江河一样势不可当！如果不是心存良知，以天下为己任的豪杰之士，我又能寄予厚望给谁呢？

答周道通[①]书

【142】
真正的立志

【原文】

吴、曾两生至，备道道通恳切为道之意，殊慰相念。若道通，真可谓笃信好学者矣。忧病[②]中会，不能与两生细论，然两生亦自有志向，肯用功者，每见辄觉有进，在区区诚不能无负于两生之远来，在两生则亦庶几无负其远来之意矣。临别以此册致道通意，请书数语。荒愦无可言者，辄以道通来书中所问数节，略下转语[③]奉酬，草草殊不详细，两生当亦自能口悉也。

【老刘说】

周道通就是周衡，曾从学于王阳明，后又从学湛若水，其学合会王、湛两家。做过几任知县，个人学术水平还是很高的。

阳明先生先谈了一下这封信的背景：

“吴生和曾生大老远过来求学，诚挚恳切之意，让我很感动。他们很详细地对我言说了你恳切求学、追随圣人之道的意愿。现在这个社会，像你这般

---

① 周道通：名衡，号静庵，江苏常州宜兴人。曾从学于王阳明，后又从学湛若水，其学合会王、湛两家。曾任知县。

② 忧病：嘉靖元年二月，王阳明之父王华去世，王阳明写此信时是嘉靖三年，尚在丁忧守丧期间。

③ 转语：解释、说明。

笃信好学的人真的很难得。

“时值家父去世，守孝之中招待不周。两人到来后没有深入细谈，不过能感觉到他们两人都是极有志向、肯踏实用功的人，每次见面，都能感觉到进步。

“为不负其远来求学之意，临别之际，给你写了点儿东西，主要是就你来信中所问的几个问题加以阐释。匆忙之中草草成书，没有说清楚的地方，我已经和二生交代，他们回去会口述给你的。”

【原文】

来书云：“日用工夫只是‘立志’，近来于先生诲言时时体验，愈益明白。然于朋友不能一时相离。若得朋友讲习，则此志才精健阔大，才有生意。若三五日不得朋友相讲，便觉微弱，遇事便会困，亦时会忘。乃今无朋友相讲之日，还只静坐，或看书，或游衍经行，凡寓目、措身，悉取以培养此志，颇觉意思和适，然终不如朋友讲聚，精神流动，生意更多也。离群索居之人，当更有何法以处之？”

【老刘说】

周道通来信说，自从开始追随先生学习阳明心学，日常主要是在立志上用功，边学边践行，日积月累，进步很明显。但是有个毛病一直没有好的解决办法：和朋友互相在一起切磋时，就会很起劲，心中向学之志勃勃，越是用功越有劲头；一个人的时候，无论是静坐、看书还是散步等，同样是用功，还是会觉得兴趣索然，终究不如同道聚集切磋时的精神活泼、生机勃勃。离群索居的人，应该用什么办法来培养向学之志呢？

【原文】

此段足验道通日用工夫所得，工夫大略亦只是如此用，只要无间断，到得纯熟后，意思又自不同矣。大抵吾人为学，紧要大头脑，只是“立志”。所谓“困、忘”之病，亦只是志欠真切。今好色之人，未尝病于困忘，只是一真切耳。自家痛痒，自家须会知得，自家须会搔摩得；既自知得痛痒，自家须不能不搔摩得。佛家谓之“方便法门”，须是自家调停斟酌，他人总难与力，亦更无别法可设也。

【老刘说】

阳明先生的回信首先给予了肯定：“你能讲出这些东西来，说明你平日用功的收获很大，这点非常值得肯定。为学这件事情，只要不间断，快点慢点都是会有进展的，最怕的就是三天打鱼两天晒网，只要不间断，等到纯熟以后，心中所得又会有所不同。心性功夫的精微神妙之处，就在于这种‘山重水复疑无路，柳暗花明又一村’的感觉。

“关于你说的这件事，是因为你没有把立志学圣学放到首要位置，所以才会有这个问题。为学功夫最紧要的就是立志。

“人对事情都有一个重要性排名，对于重要性排名靠前的，自然就能为之倾斜所有资源，包括时间、精力、物质等，会克服困难去做。比如谈恋爱，对于一个男生来说，如果有个心仪的女生邀请他出去喝咖啡，哪怕是外边下暴雨他也会毫不犹豫地赴约。相反，对于不喜欢做的事情，人是能找出至少一百条理由去拒绝的。

“自己身上的‘痒’自己最清楚，别人是没法帮你抓的。就算痒在后背上，手够不着，也能找个墙角、门框什么的蹭蹭，从而把痒的问题解决了。佛家称此为‘方便法门’。所以，自力更生是非常有必要的。”

这封信就一个问题：离群索居的人，该如何修习阳明心学？

显然周道通是有一定基础的修习者，在心学上已经有一定的造诣了，阳明先生的指导，也是针对进阶者说的。这点大家要注意。

对初学者来说，他们往往还不具备足够的辨识能力，很容易受到环境和周边人的影响。所谓“近朱者赤，近墨者黑”，一个良好的外部环境可以在人生的某些阶段起到至关重要的作用。初学者通过结交良友来营造一个好的学习氛围，这不失为一个务实的好办法。结交一些良师益友，做出这个选择并躬行之，本身就已经是在践行了。

人生的路只能自己去走，别人能指点你，提醒你，建议你，帮助你，但没有人能替你走。心学功夫亦是如此，把它放到最最重要的位置上，倾斜自己最优先的资源，一切自然水到渠成。

【143】
何思何虑和无思无虑

【原文】

来书云："上蔡[①]尝问天下何思何虑[②]。伊川云：'有此理，只是发得太早。'[③] 在学者工夫，固是'必有事焉而勿忘'，然亦须识得'何思何虑'底气象，一并看为是。若不识得这气象，便有正与助长之病，若认得'何思何虑'，而忘'必有事焉'工夫，恐又堕于'无'也。须是不滞于'有'，不堕于'无'，然乎否也？"

【老刘说】

谢良佐，人称上蔡先生，师从程颢、程颐，与游酢、吕大临、杨时并称程门四先生。创立了上蔡学派，是湖湘学派的鼻祖，在程朱理学的发展史上起到桥梁作用。其核心思想《上蔡先生语录》经朱熹编辑为三卷（《上蔡语录》）。

周道通来信说："谢良佐曾经问程颐先生，对于'天下何思何虑'这句话该怎么理解？程颐先生回答说'有此理，只是发得太早'。我个人体会，从做功夫的角度，固然是'必有事焉而勿忘'，但也必须要知道'何思何虑'究竟是什么意思，否则就会产生'正'或'助长'的毛病；要是认识了'何思何虑'的境况，而忘记了'必有事焉'的功夫，恐怕又会堕于虚无。必须要

① 上蔡：指谢良佐（1050—1103），字显道，河南上蔡人。程门四大弟子之一，著作有《上蔡语录》等。

② 语出《周易·系辞下》。

③ 语出《河南程氏外书》卷十二《上蔡语录》："是则是有此理，贤却发得太早在。"

不凝滞于‘有’，不堕陷于‘无’。这样理解对吗?”

这段文字，引文比较多，不太容易理解。先把几个引文说一下，帮助理解。

“何思何虑”出自《周易·系辞下》：“天下同归而殊途，一致而百虑，天下何思何虑”。这句中的几个词解释一下，就容易懂了。“殊途同归”是说从不同的途径最后到达同一目的地；“一致而百虑”是说有许多不同的思路，但目的是一样的；“何思何虑”，所思所虑只是一个天理。

“必有事焉而勿忘”出自《孟子·公孙丑上》：“必有事焉而勿正，心勿忘，勿助长也”。“必有事焉”的“事”相当于《中庸》“诚者物之终始，不诚无物”之“物”。“必有事焉”是从功夫论上言“心”，其含义是“至诚无息”。“必有事焉”是“用其中”，“勿忘勿助”则是“执其两端”。

周道通先生要表达的意思是，谢良佐先生和程颐先生对“何思何虑”的理解是“无思无虑”，意思是什么想法都没有。他引用二人的话，是想说明正确的求学之法是一方面要下“必有事焉而勿忘”的功夫，另一方面也要明白无思无虑是天理的本然，这样才能既知道“用”，又知道“体”；如果求学的人只执着于“何思何虑”（无思无虑）的“体”，而忘记了“必有事焉”的“用”，就会堕于虚无，故此二者必须兼顾。也就是说如果我们特别执着于“无思无虑”，就是揠苗助长；如果忘了“无思无虑”，就又成了另一个极端。要做到恰到好处是很不容易的。周道通又问阳明先生怎么看。

【原文】

所论亦相去不远矣，只是契悟未尽。上蔡之问，与伊川之答，亦只是上蔡、伊川之意，与孔子《系辞》原旨稍有不同。《系》言“何思何虑”是言所思所虑只是一个天理，更无别思别虑耳，非谓无思无虑也。故曰：“同归而殊途，一致而百虑，天下何思何虑。”云“殊途”，云“百虑”，则岂谓无思无虑邪？心之本体即是天理。天理只是一个，更有何可思虑得？天理原自寂然不动，原自感而遂通。学者用功，虽千思万虑，只是要复他本来体用而已，不是以私意去安排思索出来。故明道云："君子之学，莫若廓然而大公，物来而顺应。"[①] 若以私意去安排思索，便是"用智自私"矣。"何思何虑"正是工夫。在圣人分上，便是自然的；在学者分上，便是勉然的。伊川却是把作效验看了，所以有"发得太早"之说。既而云"却好用功"，则已自觉其前言之有未尽矣。濂溪主静[②]之论亦是此意。今道通之言，虽已不为无见，然亦未免尚有两事也。

【老刘说】

阳明先生在回信中首先给予了肯定，心性既不要助长，也不要无视，道法自然就可以了。

先生接着说，《系辞》里所讲"何思何虑"，与孔子《系辞》中原本的意思稍有不同。《系辞》中说"何思何虑"，是说所思所虑只是天理，而没有其他思虑了，并不是说无思无虑了。

《系辞》引用孔子"天下何思何虑"一句是针对"憧憧往来，朋从尔思"而发，与咸卦《象传》"'憧憧往来'，未光大也"相呼应。孔子说无思无虑是百虑一致、殊途同归，并不是真的无"思"和"虑"，无"感"和"动"，而是"天下之动，贞夫一者也"，这才是"光大"，从"成物，知也"角度说是"光大"，从"成己，仁也"角度说是"贞夫一"。

"同归而殊途，一致而百虑，天下何思何虑"，心头的千思万虑，最后殊途同归，归到一个点上，这个点就是"天理"。"何思何虑"不是无思无虑，不是什么都没有，而是归于天理，天理落在心之本体上就是良知。

所以程颢先生说："君子之学，莫若廓然而大公，物来而顺应。"意思是等同"心如明镜，物来则照"，若是刻意去安排思索，就是画蛇添足了。

以圣人的天资悟性是很容易做到"无思无虑"的，但对平常人来说，就有些困难了。程颐先生把它当作效验（成果/效果）来看，所以才有"发得太早"的说法。周敦颐先生"主静"的说法也是这个意思。

最后阳明先生又指出，周道通将"必有事焉"和"何思何虑"看成两件

---

① 语出《二程集·河南程氏文集》卷二《答横渠张子厚先生书》。

② 主静：周敦颐《周子全书》卷一《太极图说》有"圣人定之以中正仁义而主静"。

事，这是不正确的。“必有事焉”和“何思何虑”犹如一枚硬币的两面，天理一以贯之。

儒门心法和佛门心法的区分也就在于此，如果将“何思何虑”按“无思无虑”来解释，儒门心法和佛门心法就没什么区别了。

【144】
养气功夫

【原文】

来书云："凡学者才晓得做工夫，便要识认得圣人气象[1]。盖认得圣人气象，把做准的，乃就实地做工夫去，才不会差，才是作圣工夫。未知是否？"

【老刘说】

周道通来信问阳明先生，为学用功这件事情，是不是要先懂得圣人的气象，把圣人的气象当成具体标准，去实地做功夫，才不会有差错。这里讲的是怎么用功的问题。周道通认为修心要学习圣人，圣人做啥咱就做啥，照葫芦画瓢，照猫画虎。

【原文】

先认圣人气象，昔人尝有是言矣，然亦欠有头脑。圣人气象自是圣人的，我从何处识认？若不就自己良知上真切体认，如以无星之称而权轻重，未开之镜而照妍媸，真所谓以小人之腹，而度君子之心矣。圣人气象何由认得？自己良知原与圣人一般，若体认得自己良知明白，即圣人气象不在圣人而在我矣。程子尝云："觑著尧，学他行

① 圣人气象：语出《二程集·河南程氏遗书》卷二十二上，原文："凡看文字，非只是要理会语言，要识得圣贤气象。"

事，无他许多聪明睿智，安能如彼之动容周旋中礼？”[①] 又云：“心通于道，然后能辨是非。”[②] 今且说通于道在何处？聪明睿智从何处出来？

【老刘说】

阳明先生回答说，《河南程氏遗书》中，程颐说“凡看文字，非只是要理会语言”，随后提出了“要识得圣贤气象”。关于“圣人气象”讲的只是“第二义”，最核心的“第一义”没有很明确地说出来。

“良知”这个层次的东西，是没有办法完全用语言或者文字说清楚的。圣人的“作止语默”都是圣人的外在表现，圣人之所以是圣人，根本还在于内心。

阳明先生接着说，学习圣人应该从自己的良知上真切体认，如果不从自己的良知上真切体认，就好像用没有刻度的秤去称轻重，用未打磨的铜镜去照人的容貌，是所谓的以小人之心度君子之腹。圣人的气象从什么地方才能认识到呢？自己的良知本来与圣人没有区别，如果能清楚地体认自己的良知，那么，圣人的气象就不在圣人那里，而在我身上了。要清楚自己的良知，如果只效仿外边表现出来的东西，就会失去根本，最后就成了东施效颦。

禅宗有“教外别传，不立文字，直指人心，见性成佛”的十六字心传。不立文字的本意，是因为语言或文字作为信息的载体局限性很大，同一段文字，理解的角度不同，就会失之毫厘谬以千里。如果后学者只专注于啃书琢磨文意，很容易产生歧义和被误导。

程颐说：“觑著尧，学他行事，无他许多聪明睿智，安能如彼之动容周旋中礼？”他又说：“心通于道，然后能辨是非。”归结起来，就是一个意思：为学功夫是学习圣人最根本的东西，也就是和“道”相通的部分，这正是聪明睿智的源头。

---

① 语出《二程集·河南程氏遗书》卷十八。

② 语出《二程集·河南程氏文集》卷九。

【145】
存养良知要在事上磨

【原文】

来书云："事上磨炼。一日之内，不管有事无事，只一意培养本原。若遇事来感，或自己有感，心上既有觉，安可谓无事？但因事凝心一会，大段觉得事理当如此，只如无事处之，尽吾心而已。然乃有处得善与未善，何也？又或事来得多，须要次第与处，每因才力不足，辄为所困，虽极力扶起而精神已觉衰弱。遇此未免要十分退省[①]，宁不了事，不可不加培养。如何？"

【老刘说】

周道通来信说："'事上磨'就是无论有事无事，都要专心存养良知。我在心性修炼的时候，碰到个很实际的问题，不知道该怎么应对，请教一下先生。没有具体事情比较闲的时候，私心杂念就会特别多；有时候事情特别多，应接不暇，又会自感才力不足，虽然竭力硬撑，也会感到精神疲惫不堪。做功夫碰到这种情况，该怎么应对呢？"

【原文】

所说工夫，就道通分上也只是如此用，然未免有出入在。凡人为学，终身只为这一事。自少至老、自朝至暮，不论有事无事，只是做

① 退省：退下反省。语出《论语·为政》。

得这一件，所谓“必有事焉”者也。若说“宁不了事，不可不加培养”，却是尚为两事也。“必有事焉而勿忘勿助”，事物之来，但尽吾心之良知以应之，所谓“忠恕违道不远”① 矣。凡处得有善有未善及有困顿失次之患者，皆是牵于毁誉得丧，不能实致其良知耳。若能实致其良知，然后见得平日所谓善者未必是善，所谓未善者却恐正是牵于毁誉得丧，自贼其良知者也。

【老刘说】

阳明先生首先对周道通予以肯定。回信说，就道通的情况而言，做功夫这件事情，他是认同和支持的，修身的路上难免会有模糊的时候，不必为此而气馁。

修身是一辈子的事情，只要一息尚存，都要存养良知，让良知始终充盈，虚灵不昧。人终身只是为了这一件事，自小到老，从早到晚，不管有事无事，始终不能忘记存养良知，这就是“必有事焉”。

人只要活着，心就不可能完全不动，只是有时候动的幅度大，有时候动的幅度小，心完全停下来就是植物人了。心静的状态，不是不动，只是动的幅度很小而已。

阳明先生接着说，“宁不了事，不可不加培养”，这已经把“事”和“培养本源”看成两件事了。其实这应该是一件事——“必有事焉”。记住勿忘勿助，没事的时候存养此心，兢兢业业，就像有事一样；有事的时候应该把此心放下，坦坦荡荡，就像没事一样，这样我们的心才没有那么累。事情来了，只是尽我的良知去应对，就是所说的“忠恕违道不远”。

处理具体事情的时候，出现时好时不好、良知不能顺畅、气机流行时有卡顿的情况，是因为有毁誉得失的顾虑牵累。瞻前顾后是不能切实致良知的。如果能够放下这些毁誉得失，就能更切实地致良知，也会具备看穿幻象的能力。平常所认为是善的念头，不一定就是善；认为是不善的念头，也不见得就一定是不善。

---

① 《中庸》：“忠恕违道不远，施诸己而不愿，亦勿施于人。”

毁誉得失本质上也是因为好名、好色、好利的私欲衍生出来的，是需要被格掉的。如果不能做到，很容易摧残戕害自己的良知。

普通人很容易在没有事情的时候，思虑种种，杂念百出，常说的“温饱思淫欲”就是如此。心就像一个容器，必须往里边放点东西，它才能安生下来，如果心中不能存养良知，私欲就会不断地侵渗进来。

“无事时，常照管此心，兢兢然若有事”，就是照管好自己的心，时时保持心中良知充盈，不被私欲乘虚而入。

山阴金兰生先生说：“有事时，却放下此心，坦坦然若无事。”遇到事情了，道理该怎么样还是怎么样，不会因为自己的情绪等因素而改变。如果自己先乱了方寸，不能循理而行，无疑只会让事情向更加糟糕的方向发展。有事时如能像无事时一样镇定，保持心智在线，事情反而容易处理好。

凡事但求无愧于心，哪怕天大的事，该怎么样还是怎么样。只要觉得问心无愧，心自然就安了。在良知的引导下循理而行，处理好人力可及的部分；用一腔浩然正气，坦然接受人力不可及的部分，人生自然饱满充盈。

阳明先生强调“凡人为学，终身只为这一事”。周道通将“事”和“培养本源”分作两件事看，所以才会出现“困顿失次”的毛病。显然是内外分离了。

如果不能从根源上看清楚，就容易导致平日里自己认为是对的，不一定就真的对，平日认为是不对的，也不见得就真的是不对。

比如做事情，想尽快尽美地把事情做好，看似是对的，但因为拼得太厉害，身体吃不消，一下子病倒了，事情只会半途而废。这就是“违理而行”了，误将贪功冒进当作了致良知。

【146】
格物是致知功夫

【原文】

来书云："致知之说，春间再承诲益，已颇知用力，觉得比旧尤为简易。但鄙心则谓与初学言之，还须带'格物'意思，使之知下手处。本来'致知''格物'一并下，但在初学未知下手用功，还说与'格物'，方晓得'致知'。"云云。

"格物"是"致知"工夫，知得"致知"便已知得"格物"；若是未知"格物"，则是"致知"工夫亦未尝知也。近有一书[①]与友人论此颇悉，今往一通，细观之，当自见矣。

【老刘说】

周道通来信说："致知这件事情，自打春天您仔细教诲之后，我已经完全明白了，知道怎么用功夫，何处着力等，明显感觉比旧有的学说简易得多。但我和刚接触心学的人讲致知的时候，他们还是没办法完全搞清楚，必须要同时说格物，他们才知道如何入手做功夫。本来'致知''格物'是一起用的，但初学的人只说'致知'无从下手，只有说了'格物'，才能有下手处。我该怎么办呢？"

阳明先生说："'格物'和'致知'是一回事，'格物'是'致知'的功夫。由此，知道'格物'也就知道'致知'，知道'致知'也就知道'格物'

① 近有一书：邓艾民先生认为是指《答罗整庵少宰书》。

了。我在写给罗整庵的信中，对此说得很清楚，现在我把这封信寄给你，你认真研读一下，就明白了。”

致知就像一棵树的根，格物就是根发出的枝叶，根深叶才能茂盛，树的枝叶更加茂盛根才能更深。所以说格物和致知实际上就是一回事，只是一个向内、一个向外。

【147】
如何面对非议

【原文】

来书云："今之为朱、陆之辨者尚未已。每对朋友言，正学不明已久，且不须枉费心力为朱、陆争是非，只依先生'立志'二字点化人。若其人果能辨得此志来，决意要知此学，已是大段明白了；朱、陆虽不辨，彼自能觉得。又尝见朋友中见有人议先生之言者，辄为动气。昔在朱、陆二先生所以遗后世纷纷之议者，亦见二先生工夫有未纯熟，分明亦有动气之病。若明道则无此矣。观其与吴涉礼[①]论介甫[②]之学云：'为我尽达诸介甫，不有益于他，必有益于我也。'[③]气象何等从容！尝见先生与人书[④]中亦引此言，愿[⑤]朋友皆如此，如何？"

【老刘说】

关于朱、陆之辩：程朱理学，"程"是指程颐、程颢，"朱"是指朱熹；陆王心学，"陆"指的是陆九渊，"王"指的是王阳明。朱、陆各有一群拥趸，这些人互相怼，都说对方的东西不对，自己老师讲的才对。刚开始是为

---

① 吴涉礼："涉"为"师"字之误。吴师礼，字安仲，宋代人。

② 介甫：王安石（1021—1086），字介甫，号半山。北宋著名文学家、政治家。

③ 语出《二程集·河南程氏遗书》卷一。

④ 与人书：指《答汪石潭内翰》。

⑤ 愿：德安府南本作"顾"。

了学术而争，到后面就变成了不管对错为了争论而争论。最后演变成了对错不重要、立场才重要的荒谬之争。

周道通来信说："如今朱、陆之辩还没有停止，这种争辩混淆了很多东西，我经常对朋友们说，天下见不到圣学的光明已经很久了，太多人舍本逐末，不是为了恢复圣学的光明，而是耗费心血精力为朱、陆争是非，这样实在不好。我的做法是引导学的人'立志'，只要这个人能先把'志'立起来，内求于心，开始下功夫，不久自然就大体明白了。"

一本书或者一个老师说得对不对，不能根据这个作者或这个老师的名气有多大来定，而是要通过实修做功夫检验，检验通过就是对的，没通过就是不对的。盲听盲信向来不是开智的，要慎重。

修身这件事情，很忌讳把自己放在上帝的位置上去仲裁世界，特别是自己水平真的很一般的时候，这种仲裁世界的行为除了助长自己的好名之心外，对提高心性是毫无帮助的。指点江山，粪土当年万户侯，的确很爽，但爽过了也就过去了，什么都留不下。与其浪费时间精力在口水战上，不如踏踏实实做点有意义的事情。

爬在半山腰争山的问题，往往是徒劳的。爬上山顶，一览众山小，看到山的全貌了，自然就完全清楚了，也就没必要再争了。

修圣学这件事，争谁对谁错是次要的，重要的是先把自己心性水平提上去，水准够了，自然就清晰明了了，也就没必要争这些是非了。

周道通说："昔日朱熹、陆九渊二位先生给后世遗留下许多争议，说明两位先生的功夫还未纯熟，明显还有意气用事的毛病。程颢先生就没有这个毛病，他与吴师礼谈论王安石的学问时说：'请把我的观点全都告诉介甫，即便对他没有益处，对我却必然是有益的。'气度胸襟是何等从容！我曾经看到先生在给别人的信中也引用过这句话，我希望学友们都能如此。"

【原文】

此节议论得极是极是，愿道通遍以告于同志，各自且论自己是非，莫论朱、陆是非也。以言语谤人，其谤浅，若自己不能身体实践，而徒入耳出口，呶呶度日，是以身谤也，其谤深矣。凡今天下之议论我者，苟能取以为善，皆是砥砺切磋我也，则在我无非警惕修省进德之地矣。昔人谓攻吾之短者是吾师[1]，师又可恶乎？

【老刘说】

阳明先生说："我非常赞同你的说法，希望你和同道们清楚，人生在世，无论做什么，怎么做，都避免不了别人说是非。各人管好自己的是非，不要搅和到这些'文人相轻'的口水战中，面对各种非议，要做到超然于事外。"

作为心智成熟的成年人，我们要清楚，只要入世治世做事，就肯定有人喜欢有人不喜欢。做事的初心不是为了让谁喜欢让谁不喜欢，做事不可以偏离初心。别人赞赏就好好干，别人泼冷水就气馁、撂挑子，是幼儿园小朋友的心智模式。妈妈夸两句宝宝好乖，就主动去把碗洗干净，学校老师批评两句就死活不上学了，成年人是不能这么做事的。

用言论诋毁他人是肤浅的表现。自己不能身体力行去实修，是没意义的。学习只是为了增加谈资，满足于夸夸其谈，虚度光阴，无疑是自废武功的行为，后果很严重。

"别人的议论，无论什么方式，如果能让我更精进，就都是在与我砥砺切磋。对于非议，要有'有则改之无则加勉'的心态，坦然面对。古人云：'攻吾之短者是吾师。'修心性要有这个胸襟肚量。"

向内求是看我们的内心是否按照良知做事，做到问心无愧，自然天高地阔。对于口水战这类事情，与其争辩谁对谁错，不如用这个时间和精力干点实事。"空谈误身，实干蓄德"，关公战秦琼的事情，最后证明谁对谁错又能怎么样，毫无意义。

① 《荀子·修身》："故非我而当者，吾师也；是我而当者，吾友也；谄谀我者，吾贼也。"

【148】
心、性、气的关系

【原文】

来书云："有引程子'人生而静，以上不容说，才说性便已不是性'[①]。何故不容说？何故不是性？晦庵答云：'不容说者，未有性之可言；不是性者，已不能无气质之杂矣。'[②] 二先生之言皆未能晓，每看书至此，辄为一惑，请问。"

【老刘说】

周道通问阳明先生："程颢说'人生而静，以上不容说，才说性便已不是性'，有人问朱熹，为什么不容说，又为什么不是性。朱熹这样回答：'不容说者，未有性之可言；不是性者，已不能无气质之杂矣。'这段我反复看，怎么也看不懂，请教一下先生是什么意思。"

"人生而静，以上不容说，才说性便已不是性。"程颢认为天地万物的"理"在其初始状态下就已经具备了，"静"和《传习录》中其他部分讲的"静"是一个意思，是从与"理"同频的角度说的，心的"静"就是循理而行。

人将生未生这个节点的前与后是不一样的，在娘胎里没出生之前是纯粹的天性，也就是"理"，还未受外边气息的影响，毫无私欲，一旦生出来了，马上就开始受到沾染。人生下来必然是依据世界的"理"而来的，而这个

---

① 语出《二程集·河南程氏遗书》卷一。

② 语出朱熹《朱文公文集》卷六十一。

“理”是循道的，所以才说“人生而静”。这个“理”是一个原概念，是无法再解释的本然如此，也就是“不容说”。“理”禀受于人就是“性”，“理”既然“不容说”，“性”自然也就“不容说”。有点儿像“道可道，非常道，名可名，非常名”的意思。

用文字和语言无法完全描述出“理”“性”来，因为文字和语言对信息的承载能力是非常有限的，如同用一米的布，盖宽两米的坑，无论怎么扯怎么去盖，都是没办法把这坑全盖住的。

“不容说者，未有性之可言；不是性者，已不能无气质之杂矣。”不能说的原因是“性”本身就很难再用文字和语言进行描述，用文字或语言描述出来的“性”就不是“性”的全貌了。必然不可避免地掺杂进了“气”一类的内容。

【原文】

“生之谓性”。生字即是气字，犹言“气即是性”也。气即是性，“人生而静，以上不容说”，才说“气即是性”，即已落在一边，不是性之本原矣。孟子性善，是从本原上说，然性善之端，须在气上始见得，若无气亦无可见矣。恻隐、羞恶、辞让、是非即是气。程子谓：“论性不论气，不备；论气不论性，不明。”[①] 亦是为学者各认一边，只得如此说。若见得自性明白时，气即是性，性即是气，原无性、气之可分也。

【老刘说】

阳明先生回信说，“生之谓性”中的“生”字就是“气”字的意思，气只是“性”表现出来的形式。“人生而静，以上不容说”，说“气就是性”是偏了，不是本源了。

孟子说性善是从本源上说的，“性”是无法说清道明的，它是存在的，却没办法准确描述，只是天理落在心体上。但是，性善的表现只能在“气”上

---

① 语出《二程集·河南程氏遗书》卷六。

看到。若无“气”也就无法看到“性”。恻隐、羞恶、辞让、是非就是“气”。

程颢先生讲：“论性不论气，不备；论气不论性，不明。”也是因为求学者中能看到整个系统的人很少，往往是像盲人摸象一样只获得一部分。如果能清楚地知道“性”是什么，也就懂得“性”和“气”的关系了。

个人体会，“气”就是“性”的外延，“气”即是“性”，“性”即是“气”，二者不可分。我们说这人很乐观，是从本性上讲的，我们能看到的只是这个人表现出来的东西，这是气的作用。充盈阳光，就是本性乐观表现出来的现象。

“生之谓性”是人在出生之前，就是符合天理的，出生之后，才有私欲沾染。

天地自然而然产生万物，有一个基本的秩序和规则，这就是天理，天理落在人的心体上，就是良知。天地孕育产生万物，赋予万物各自的“性”，猫会爬树，鸟会飞翔，如果没有秩序和规则，狗会上树，羊会吃狼，世界就全乱套了。“气”指的是“性”在生理基础上所焕发出来，充盈到我们体内，并流转运行起来的气息。容光焕发，说的是“气”；火冒三丈，说的也是“气”。“气”是生命力的体现，平常说的没气了，指的就是生命力熄灭了。

这一部分比较抽象，不太容易懂。可以不求甚解地先有个大概了解，修炼到一定程度的时候，自然就完全明白了。周道通是举人出身，本身儒学水平比较高，他思索很久都想不明白、非要问一下阳明先生的东西，对于我们这些儒学基础很有限的人来说，不能一次看懂，是非常正常的事情，没什么好丢脸的。

答陆原静[①]书

【149】
妄心与照心

【原文】

来书云："下手工夫，觉此心无时宁静，妄心固动也；照心亦动也；心既恒动，则无刻暂停也。"

【老刘说】

陆原静来信说，着手做功夫时，总感到心没有一刻宁静，要么"妄心"动，要么"照心"动，没有一刻心是停息的，想静静不下来，是不是偏出了修心的方向？

妄心，指的是好名、好色、好利的私欲产生的私心杂念，也包括外延出来的心猿意马的念头，譬如本来坐着想学习的，突然冒出一些念头，诸如中午吃什么，晚上五点半要接孩子，昨天下班的时候领导脸色好像不大好等。

照心，指的是符合良知的"存心"，这里指刻意存养良知的念头，也就是我们之前说的勿忘勿助的"助"的心，即刻意去求导致心不能宁静。

【原文】

是有意于求宁静，是以愈不宁静耳。夫妄心则动也，照心非动

① 陆原静：指陆澄。阳明先生五十三岁作此书。

也。恒照则恒动恒静，天地之所以恒久而不已也。照心固照也，妄心亦照也。其为物不贰，则其生物不息[①]，有刻暂停，则息矣，非至诚无息之学矣。

【老刘说】

阳明先生说，这样做是不对的，刻意去求宁静是揠苗助长，是欲速则不达，做心性功夫不是这样的，过分刻意去求反而会适得其反。

“夫妄心则动也”这句比较容易理解，私心杂念是不安定因素，在心里乱动。“照心非动也”中的“照心”指的是“定者，心之本体，天理也。动静，所遇之时也”的“定者”也。主导“照心”的本体就是“天理”。“照心非动”说的是一切循理而行，没有私欲的攀附和掺杂。“天理”的本体是寂然不动的，故此说“照心非动”。

恒照就能恒动恒静，这正是天地恒久不息的原因。照心固然是心具有“照”的功能所引起的，妄心同样也是心具有“照”的功能所引起的。“其为物不贰，则其生物不息”，只要有片刻的停止，就会灭亡，也就不是至诚无息的学问了。

“恒照则恒动恒静，天地之所以恒久而不已也”，这句有点儿抽象，不太好理解。“照”的原意是光线射在物体上，比如日照、照耀等。这里的引申意思是“照心”，是勿忘勿助的，只管“照”这件事情，其他的不掺和。天地可以天长地久生生不息的原因，就是因为天地万物之上的那个存在，只“照”不干涉。内观的“照”也是如此，否则就是“助”了。

“照心固照也，妄心亦照也”，“照心”是指无一丝遮蔽、污垢的镜子，“妄心”是有遮蔽、污垢的镜子，显然两种镜子都是能照出物体形状的，区别只是一个能真实反映出所照之物的样貌，另一个因为遮蔽或者污垢使样貌产生扭曲、变形，不能真实反映出所照之物的样貌。

“其为物不贰，则其生物不息”出自《中庸》，我们在上篇93节中曾提到“惟其有个发端处，所以生；惟其生，所以不息”，而生生不息就涉及“终”和“始”的关系。

---

① 《中庸》：“天地之道，可一言而尽也：其为物不贰，则其生物不测。”

“生”是发端，为“始”，但此“始”不是一个外在过程的起点，而是“终则有始”，虽不言“终”，“终”已经包含在其中了。“终则有始”，且“原始反终”，就是孔子的“吾道一以贯之”。

《易经》曰“大明终始，六位时成”，《中庸》曰“诚者物之终始”。不区分终、始，则没有变易，就无所谓“生”。但区分终、始，同时终、始又均落实在“诚”上。诚者，不贰，“终”与“始”不贰，才能生生不息。不息即无片刻间断，“至诚无息”，才能有“物”，不“诚”则无“物”。相反，纯粹的变化使得变化本身失去意义，变化不具有连续性，不但没有创生，反而会毁灭一切。“其为物不贰，则其生物不测”说的就是这个意思。

“至诚无息”出自《中庸》，原文“故至诚无息。不息则久，久则征”，“至诚无息”是“天行，健。君子以自强不息”，人应该遵循“至诚无息”的原则时时不间断地存养良知，良知的不断充盈，才是符合天地之道的生生不息。

【150】
良知是心之本体

【原文】

来书云“良知亦有起处”云云。

【老刘说】

陆原静来信问：“我觉得良知应该也有个开始的地方，譬如某人以前行事完全看不到有什么良知，在某个时机，突然幡然悔悟，痛改前非，良知彰显。这算不算这个人良知的开端呢?”

【原文】

此或听之未审。良知者，心之本体，即前所谓恒照者也。心之本体，无起无不起。虽妄念之发，而良知未尝不在，但人不知存，则有时而或放耳；虽昏塞之极，而良知未尝不明，但人不知察，则有时而或蔽耳。虽有时而或放，其体实未尝不在也，存之而已耳；虽有时而或蔽，其体实未尝不明也，察之而已耳。若谓良知亦有起处，则是有时而不在也，非其本体之谓矣。

【老刘说】

阳明先生回信第一句话直接批评：“我以前讲的东西，你不好好琢磨，就想当然地觉得良知是有开端的，这么理解明显是错了。良知是心的本体，也就是前面说的恒照。心无体，以感知万物为体，哪有什么开端不开端呢?”

即便有妄念纷繁芜杂，良知也是一直存在的，就算糊涂到极点的人，良知也是存在的。有些人干的全是缺德没天理的事，是因为他的良知完全被遮蔽了。心镜每个人都有，遮蔽如同镜子上面的污垢，有的少有的多，这类完全没天理的人干脆是在镜子前面垒了个水泥墙，完全盖住了，镜子自然就什么也照不到了。

关于对良知的理解，不要绝对化，每个人都有良知，打个比方，就像一杯纯净水，有灰尘落进去了，这杯水就浑浊了。这杯浑水里有没有纯净的水分子呢？毫无疑问，肯定是存在的。但这杯水能不能喝取决于杂质的多少和性质。

这杯水原本也是纯净水，就像我们刚来到这个世间一样，是很纯粹的水分子，但随着和外部环境的接触，不断被沾染，杂质就越来越多，如果不注意随时去除杂质，水就会变得完全混浊，也就不能喝了。

接着先生反问一句，如果说良知也有开端的地方，那么，良知在开端之前就等于不存在了，这和良知就是心之本体的说法岂不是自相矛盾了吗？

【151】
儒道之“精”的不同

【原文】

来书云：“前日精一之论，即作圣之功否?”

“精一”之“精”以理言，“精神”之“精”以气言。理者，气之条理；气者，理之运用。无条理则不能运用，无运用则亦无以见其所谓条理者矣。精则精，精则明，精则一，精则神，精则诚；一则精，一则明，一则神，一则诚，原非有二事也。但后世儒者之说与养生之说各滞于一偏，是以不相为用。前日“精一”之论，虽为原静爱养精神而发，然而作圣之功，实亦不外是矣。

【老刘说】

陆原静来信问，先生之前讲的“精一”，是否就是做圣贤的功夫?

阳明先生解释说，“精一”的“精”和“精神”的“精”是有分别的，“精一”的“精”是就理而言，“精神”的“精”是就气而言。

“理”在这里指天理，之前讲过大米的例子，“精一”的“一”是最后舂出来的精纯的米，“精”就是提纯的过程，就是从稻子到大米的加工工序。

“气”在上篇已经讲得很多了，这里不再赘述。“条理”在这里是“脉络、层次、秩序”的意思。“理”是“气”的脉络、秩序等，“气”是“理”的运用。打个比方，如果说“理”是透明的沟渠，那么“气”就相当于是沿着沟渠流动的有颜色的水。

“气”在“理”的脉络秩序限定中运行，没有这个脉络秩序，“气”就失去了运行的参照，相当于有车没路，不知道该怎么走；如果只有“理”没有“气”，就相当于有路没车，路的条理就无法体现出来，也是枉然。

儒家讲的从“精”到“一”，“精”相当于过程，“一”是结果。“理”和“气”做到“精”，自然可以越来越精纯，越来越清晰明了，越来越神妙入化，越来越能体会到不自欺的妙处；同样，“一”是“精”的结果和目标，做到“一”会有同样的效果。从这个角度看，“精”的目的是达到“一”，“一”反馈回来就是“精”，两者是一回事，只不过一动一静而已。后世儒者学问不够精纯，把“精一”学说和道家养生的“精气神”当成两件事来讲，各滞于一偏，是不对的。

阳明先生接着说：“前些日子我说的‘精一’之论，是因为你身体情况一直不是很好，对养养精神、养养身体说得比较多，也就是从精气内敛的角度讲得比较多一些。”

养精神也是向内求的事情，心性修好很直接的一个好处，就是能有效避免身体被七情所伤，可见修好心性对身体的好处是非常大了。

我们应该知道，人的健康问题是以三十五岁分界的，之前的健康问题，往往是源于父母和先天的不足；之后的健康问题，往往是七情伤身导致的。

学习心学，存养心性，最直接的效果是睡眠质量明显提高，远一点儿地说，修好心性的人，是不会得抑郁症的。

【152】
精、气、神的本质

【原文】

来书云："元神、元气、元精必各有寄藏发生之处；又有真阴之精，真阳之气。"云云。

【老刘说】

陆原静来信说，在修道家养生之术的时候，元神、元气、元精这些应该是各有寄托、储藏、发生之处的。其中又可以细分出"真阴之精""真阳之气"，等等。陆原静的本意是想让阳明先生对道家的这些概念做个名词解释，以便更好地深入研习道家的养生之道。

【原文】

夫良知，一也，以其妙用而言谓之神，以其流行而言谓之气，以其凝聚而言谓之精，安可以形象方所求哉？真阴之精，即真阳之气之母，真阳之气，即真阴之精之父；阴根阳，阳根阴，[①] 亦非有二也。苟吾良知之说明，则凡若此类，皆可以不言而喻；不然，则如来书所云"三关"[②]"七返""九还"[③] 之属，尚有无穷可疑者也。

---

① 周敦颐《太极图说》中说："无极而太极，太极动而生阳，动极而静，静而生阴，静极复动。一动一静，互为其根。"

② 三关：各说不一。道教以头为天关，足为地关，手为人关。《淮南子·主术训》认为耳、目、口为三关。

③ 七返、九还：道家内丹派说，七是火的成数，心属火，降心火于丹田，养肾中真气，复返于心田，即为七返之功。道教以九代金，情属金，摄情归性，养得性光圆明，以还先天真性，即为九还之功；一说九还丹，服之可长生不死。

【老刘说】

阳明先生说，道家修炼法派很多，但归根结底还是以自身为根源，万变不离其宗，最后还是要归结到“心”，也就是归结到合道而行。

良知是天理落在心之本体上，所谓“精气神”，归根结底还是“良知”，良知的妙用称之为“神”，良知的运转流行称之为“气”，良知的凝聚称之为“精”。“精气神”只是良知的不同表现形态，处在变易之中，怎么可能找到确定的样貌或者方向呢？孔子说“出入无时，莫知其乡”说的就是心体的“阴阳不测之谓神”，其中“莫知其乡”，即程颐所谓“动静无端，阴阳无始”。

真阴之精就是真阳之气之母。真阳之气就是真阴之精之父。阴阳互根，阴阳互生，阴阳本来就是一体，不可分割为二，所谓“一阴一阳之谓道”。这部分建议看一下《系辞》，就容易理解了。

阳明先生接着说：“如果你理解了我的良知之说，诸如此类的事情，都可以一通百通，迎刃而解。如果不通良知这个根本，你来信所述的三关、七返、九还之类的疑问，还是会无穷无尽的。”

所以，所有以自身为根源的学问，无论佛、道，归根结底还是要回到心之本体上，回到良知上来。

又

【153】
良知的实相是真知

【原文】

来书云："良知，心之本体，即所谓性善也，未发之中也，寂然不动之体也，廓然大公也，何常人皆不能而必待于学耶？中也，寂也，公也，既以属心之体，则良知是矣。今验之于心，知无不良，而中、寂、大公，实未有也，岂良知复超然于体用之外乎？"

【老刘说】

陆原静来信说，按照先生说的，既然良知是心之本体，既然"未发之中""寂然不动""廓然大公"都是心之本体的属性，那么这三种属性也应该是良知所具有的了。

现在在践行中验证，发现良知是经常可以见到的，但"未发之中""寂然不动""廓然大公"这三种属性却很少出现，难道说良知超脱在体用之外吗？

这段中"性善"的意思是合于天理，而不要想当然地把"善"理解成日常中所说的"善良"。

陆原静的意思是，既然良知与生俱来，为什么平常人在修心性的时候还要用功去学，把原来就有的拿出来用不就完了吗？作为心的本体良知，应本身具备"未发之中""寂然不动"和"廓然大公"这三种属性，那为什么普通人做不到呢？

核心问题就一个：良知和这三种属性是不是一回事？

陆原静的这个问题，问得比较抽象，不容易看懂，举个例子来说一下。

有个人烟瘾很大，有一天，他下定决心要戒烟，于是写保证书，发誓等，毫无疑问这些都是出于“良知”的判断，是“性善”的体现。但是有一天，他突然失恋了，痛苦得不行，心里煎熬得难受，就劝自己说，买包烟缓解一下情绪，下不为例。于是就戒烟失败了。

陆原静要问的是，这个人也是有良知的呀，写保证书等就是证据，那为啥碰到失恋的时候，“未发之中”“寂然不动”和“廓然大公”就都统统无效了，难道良知和这三者不是一个系统的？

【原文】

性无不善，故知无不良。良知即是未发之中，即是廓然大公、寂然不动之本体，人人之所同具者也。但不能不昏蔽于物欲，故须学以去其昏蔽；然于良知之本体，初不能有加损于毫末也。知无不良，而中、寂、大公，未能全者，是昏蔽之未尽去，而存之未纯耳。体即良知之体，用即良知之用，宁复有超然于体、用之外者乎？

【老刘说】

阳明先生回答说，性的本体都是合道的，没有不善的，所以良知和这三者是一个系统的，这点毋庸置疑。

但这是理想状态，如同一杯纯净水，只要放在空气中，就难免有灰尘落入。人人都具有良知，但在入世治世中，难免会有私欲的沾染，心体被私欲遮蔽，良知和这三者之间，自然就会有不和谐出现。

人在万丈红尘中，难免会遇到各种诱惑，修身之学就是学如何消除这些好名、好色、好利的私欲，如何避免被其蒙蔽，以恢复“未发之中”“寂然不动”“廓然大公”的本体。

放在空气中的一杯纯净水，如果任由空气中的杂质进入，要不了多久，这杯水就不能喝了，也就失去了纯净水的属性，道理是一样的。

你所看到的现象，正是因为私欲攀附心体，导致“未发之中”“寂然不动”“廓然大公”不能在心中保全的结果。私欲没有被完全剔除，导致存养的此心不够纯粹。

由此可见，心学的精髓在于入世治世的践行，而不是纸上谈兵，学好心学没有捷径，就是“事上磨”。

【154】
动亦定，静亦定

【原文】

来书云："周子曰'主静'[①]，程子曰'动亦定，静亦定'，先生曰'定者心之本体'。是静定也，决非不睹不闻，无思无为之谓，必常知常存，常主于理之谓也。夫常知常存，常主于理，明是动也，已发也，何以谓之静？何以谓之本体？岂是静定也，又有以贯乎心之动静者邪？"

【老刘说】

陆原静来信说，关于"静"这件事情，周敦颐先生说"主静"也就是"圣人定之以中正仁义而主静"；程颢先生说"动亦定，静亦定"；先生说"定者心之本体"。由此可以推出"静"和"定"的意思是一样的。

那么"静"究竟是什么状态？显然不会是不睹不闻、不想不做的状态。但是，"常知常存，常主于理"这些事情，明显是动的，是已发的范畴，又怎么称为静、定呢？

陆原静问的核心问题就一个：你们几位大儒，说话像绕口令，在做知觉、存养、主宰这些事情时心都处于运行中，都明显是动的，你们却说这是"静"。这部分我完全是晕的，还是请先生好好说一下。

《庄子·养生主》中有个典故"庖丁解牛"，说的是一个姓丁的厨师杀牛的技艺精湛，完全洞悉牛的结构，可以做到十九年不用换刀。

---

① 周敦颐《太极图说》："圣人定之以中正仁义而主静。"

丁厨师说，他刚开始宰牛的时候，对于牛体的结构还不了解，看见的只是整头的牛。当他对牛的内部筋骨完全熟悉的时候，就再也看不见整头的牛了。现在宰牛的时候，只是集中精神去感知牛的身体就可以了，不必用眼睛去看，全凭精神知觉活动，顺着牛体的肌肉结构，在筋骨间的空隙游走运刀，牛的骨节之间有间隙，而刀刃很薄，用很薄的刀刃插入有间隙的骨节，宽宽绰绰，对刀刃的运转必然是有余地的。刀子轻动，“哗啦”一声骨肉分离，像一堆泥土散落在地上了。

牛的内部筋骨就是“理”，这个“理”完全被丁厨师掌握后，内化为他自己心中的“理”。丁厨师解牛的时候，手在动，心也在动，但是这个动的过程完全符合心中的“理”。

陆原静问阳明先生的是，丁厨师在解牛的时候，心中有“理”，行动也遵循“理”，但他的手脚和思维都在动，傻子也能看出来。可是你们几位大儒都说这就是“静”，就是“定”，这怎么说得通呢？

【原文】

理无动者也。常知常存，常主于理，即不睹不闻、无思无为之谓也。不睹不闻、无思无为，非槁木死灰之谓也；睹闻思为一于理，而未尝有所睹闻思为，即是动而未尝动也。所谓“动亦定，静亦定”“体用一原”者也。

【老刘说】

阳明先生说，“理无动者也”，这个“理”就是自然之序，循理就是“静”。比如说种庄稼，先把种子种下去，该浇水浇水，该施肥施肥，苗长出来之后，只需要慢慢伺候就行了，不能揠苗助长，也不能不管、不看，按照庄稼的自然生长规律，把该干的事情干好，这就是“静”，就是“定”，就是循理。

干脆将其放在一边了，不理不看，自己啥想法没有，好像是“静”，实际上已经远远偏离“静”了。循理而行的“静”是个活泼泼的事情，不是枯木死灰。

对于丁厨师来讲，知觉到“理”，心中存养“理”，解牛中遵循“理”，这个“理”是不动的。这个“静”指的是不看“理”之外的声音，不听“理”之外的声音，不做“理”之外的动作，所有一切都是遵循“理”的。思维和身体都在动，但对心中的“理”是没有分毫动作的，这就是“动亦定，静亦定”，就是本体和运用同一来源。

【155】
动静的真相

【原文】

来书云："此心未发之体，其在已发之前乎？其在已发之中而为之主乎？其无前后、内外而浑然之体者乎？今谓心之动、静者，其主有事、无事而言乎？其主寂然、感通而言乎？其主循理、从欲而言乎？若以循理为静，从欲为动，则于所谓'动中有静，静中有动，[①]动极而静，静极而动'者，不可通矣。若以有事而感通为动，无事而寂然为静，则于所谓'动而无动，静而无静'[②]者，不可通矣。若谓未发在已发之先，静而生动，是至诚有息也，圣人有复[③]也，又不可矣。若谓未发在已发之中，则不知未发、已发俱当主静乎？抑未发为静而已发为动乎？抑未发、已发俱无动无静乎？俱有动有静乎？幸教。"

【老刘说】

这段文字比较晦涩，引用比较多，这里就不逐字翻译了，用白话把陆原静问的问题概括出来。

第一个问题：人心"未发"的本体，是在"已发"之前呢，还是在"已

① 《二程集·河南程氏遗书》："静中便有动，动中自有静。"

② 周敦颐《通书·动静》："动而无静，静而无动，物也。动而无动，静而无静，神也。动而无动，静而无静，非不动不静也。"

③ 周敦颐《通书·诚几德》："性焉安焉之谓圣，复焉执焉之谓贤。"

发”之中并主导着“已发”？或者是贯穿整个“未发”“已发”，不分先后、内外，浑然一体？

第二个问题：心的动静是按照有事没事来区分呢，还是就寂然不动、感应相通来区分呢？或是就遵循天理、迁就私欲来说的？

陆原静接着按照严密的逻辑推理，列出了四个疑问：

一、如果以依循天理为静，迁就私欲为动，那么“动中有静，静中有动，动极而静，静极而动”就说不通了；

二、如果以有事感通为动，无事寂然为静，那么“动而无动，静而无静”就说不通了；

三、如果说“未发”在“已发”之前，静而生动，那么，至诚就要停息，圣人也要通过功夫才能恢复德性，这又说不通；

四、如果说“未发”在“已发”之中，那么不知道“未发”“已发”都主静呢，还是“未发”为静、“已发”为动呢？或者“未发”“已发”都是无动无静、有动有静呢？

从这封来信看，陆澄确实很用功，但他用功在细究文意上，死抠文字的意思，而不是把心体气机流行作为根本，这也是我们修心学的大忌。修心性不能按照文字逻辑去推，否则很容易把自己绕到沟里去。原因有两个，一是文字能携带的信息有很大的局限性；二是所有语言文字都有背景条件，离开这个背景条件，往往就变成了谬论。

譬如上篇128节提到的颜渊问为邦（《论语·卫灵公》：“颜渊问为邦。子曰：‘行夏之时，乘殷之辂，服周之冕，乐则《韶》《舞》。放郑声，远佞人。郑声淫，佞人殆。’”），颜回问治国的时候，已经接近圣人之体了，对于治理国家的大本大源已经基本掌握。孔子对颜回的本事了如指掌，知道在治国之道上，没有必要事无巨细统统再说一遍，只是在他认为颜回可能会忽略的地方提点一下。所以孔子在大方向上没说什么，说的只是颜回在治理国家时候可能忽略的东西，就是一些细枝末节、查漏补缺的东西。后世很多人忽略背景，不求甚解、断章取义，把孔子讲的这段当作治国的根本，岂不是很荒谬？

【原文】

未发之中，即良知也，无前后内外，而浑然一体者也。有事、无事可以言动、静，而良知无分于有事、无事也；寂然、感通可以言动、静，而良知无分于寂然、感通也。动、静者，所遇之时；心之本体，固无分于动、静也。理无动者也，动即为欲。循理则虽酬酢万变而未尝动也，从欲则虽槁心一念而未尝静也。“动中有静，静中有动”，又何疑乎？有事而感通，固可以言动，然而寂然者未尝有增也；无事而寂然，固可以言静，然而感通者未尝有减也。“动而无动，静而无静”，又何疑乎？无前后内外而浑然一体，则至诚有息之疑，不待解矣。未发在已发之中，而已发之中未尝别有未发者在，已发在未发之中，而未发之中未尝别有已发者存。是未尝无动、静，而不可以动、静分者也。

【老刘说】

阳明先生回答说，未发之中就是良知，良知是浑然一体的，不分前后内外；是与生俱来的，个体的良知从生下来就存在，直到个体离开这个世界，虚灵消散，良知才会随之消散。在这个基础上，按照有事无事来分，本身就是有问题的，从寂然、感通的角度可以分动、静，但是良知不能分为寂然和感通。

心的本体只是知觉，是不分动静的。因为循的理是不动的，就如同在高速上开车，画好的车道标线是不动的，沿着车道好好开车就是循理，就是静；开到车道外面去了，就是从欲，就是动。仍是在高速开车，无论怎么动方向盘，只要是在车道标线内，遵守交通规则，都是循理，就是静；如果把车停在高速路中间不动，就不是循理了，是要出大事故的，显然不能算是循理的静。只要循理，即使酬酢万变也不是动；从欲 ，即使心如枯井，也不能认为是静。“动中有静，静中有动”表达的就是这个意思，还有什么值得怀疑的呢？

“循理则虽酬酢万变而未尝动也，从欲则虽槁心一念而未尝静也”，这句摘出来讲一下。“酬酢”指主客相互敬酒，主敬客称“酬”，客还敬称“酢”，引申意思是“应变”。

阳明先生认为应对人情事变，只要处处循理，而不是漫无目的地瞎忙，只要自己的私欲不动，就是“未尝动也”。循理而行，心是静的，人是轻松的；从欲而行，心是动的，人是疲累的。就像长跑，从有氧呼吸切换到无氧呼吸，困难期过了之后，只要调整好呼吸和配速，频率稳定下来，人感觉是不累的；但像踢足球这种运动，一会儿急停，一会儿急起，始终没有稳定状态，来回折腾，人是很累的。

处理事情，前一天晚上把思路厘清，第二天看似很忙，实际上心是不忙的，是静的，处理事情条理分明，人反而有种心旷神怡的感觉；相反，如果应对事情时自己没有目标和思路，就会疲于应付，人始终处于紧张的状态，是很累的。

阳明先生接着说，在遇事时“感而遂通”和无事时“寂然不动”这两种状态中，良知既没有增加，也没有减少。从这个角度说，“动而无动，静而无静”还有什么值得怀疑的呢？

良知是与生俱来、浑然一体的，是没有前后内外之分的。“至诚无息”说的就是没有间断。如同太阳永远在，是否普照大地，只是看太阳所处的位置和乌云的厚度，不能因为有乌云遮挡，就怀疑太阳是否还存在。

关于未发和已发之中，是一条线顺下来的，是不能用动静来区别的。

循理而行，就是遵循自然之序，只要没有私欲扰乱，就是“未尝动”，也就是静。

【原文】

凡观古人言语，在以意逆志而得其大旨，若必拘滞于文义，则“靡有孑遗”者，是周果无遗民也。① 周子“静极而动”之说，苟不善观，亦未免有病。盖其意从“太极动而生阳，静而生阴”说来。太极生生之理，妙用无息，而常体不易。太极之生生，即阴阳之生生。就其生生之中，指其妙用无息者而谓之动，谓之阳之生，非谓动而后生阳也，就其生生之中，指其常体不易者而谓之静，谓之阴之生，非谓静而后生阴也。若果静而后生阴，动而后生阳，则是阴阳、动静，截然各自为一物矣。阴阳一气也，一气屈伸而为阴阳；动静一

① 《孟子·万章上》：“故说诗者，不以文害辞，不以辞害志。以意逆志，是为得之。如以辞而已矣，云汉之诗曰，‘周余黎民，靡有孑遗。’信斯言也，是周无遗民也。”

理也，一理隐显而为动、静。春夏可以为阳、为动，而未尝无阴与静也；秋冬可以为阴、为静，而未尝无阳与动也。春夏此不息，秋冬此不息，皆可谓之阳，谓之动也；春夏此常体，秋冬此常体，皆可谓之阴，谓之静也。自元、会、运、世、岁、月、日、时，以至刻、杪、忽、微，[①] 莫不皆然。所谓动静无端，阴阳无始，在知道者默而识之，非可以言语穷也。若只牵文泥句，比拟仿像，则所谓心从《法华》转，非是转《法华》矣。[②]

【老刘说】

针对陆原静细究文意、死抠文字的毛病，阳明先生说，大凡观看古人的言语，关键是用心顺着话语的意思去溯源，以求其主旨，一味拘泥于字面的意思，就会缘木求鱼白费功夫。

比如，《孟子》中“‘周余黎民，靡有孑遗。’信斯言也，是周无遗民也”，结合上下文，意思是旱情很严重，周的子民没有不遭遇灾难的，并不是字面意思“没有遗民”。如果望文生义，“靡有孑遗”这句，岂不是要理解成周朝真的没有遗民了吗？

高山滚雪球，从山顶上开始滚的时候，雪球差异是非常小的，但滚到山底就已经完全不一样了，理解文字也是同样的道理。修习心学的时候要看《传习录》，要理解文意，但不能拘泥于文意。

周敦颐“静极而动”的说法，如果望文生义，难免会觉得他说的话有弊病。关于他说的“动而生阳，静而生阴”，展开来说，太极是生生不息的，它的常体是不变的。太极的“生生”，也就是阴阳的“生生”。在“生生”之中，其妙用不息的方面叫动，也就是阳的产生，而不是说在动之后才产生阳；在“生生”之中，其常体不变的方面叫静，也就是阴的产生，并不是说在静之后才产生阴。

如果真是静之后产生阴，动之后产生阳，那么，阴阳、动静就是不同的东西了，后面就说不通了。阴和阳是同一个气，因气的屈伸而产生阴阳，动

---

① 元、会、运、世、岁、月、日、时、刻、杪、忽、微均是古代的计时单位，从大到小依次排列。

② 《六祖坛经 · 机缘品》：“心迷《法华》转，心悟转《法华》。”

和静是同一个理，因理的潜伏与显现而产生动静。

阳明先生就阴阳、动静打了个比方，以一年四季春夏秋冬为例，春夏也好，秋冬也好，从生生不息的角度看，都可以称为阳，都可以称为动；从常体不易的角度，都可以称为阴，都可以称为静。从元、会、运、世、岁、月、日、时，以至于刻、杪、忽、微，无不如此。一年四季如果是放在一年的范畴里，从生生不息的角度看，随时都是在动的；如果把视角放到一千年的范畴里，从常体不易的角度看，每一年都是一样的春夏秋冬，又都是静的。一年里的每一天，都是太阳从东边升起，又西落下去，每一天都在循环往复，从每一天的生生不息来看，都是动的；但从常体不易的角度看这三百六十五天中的每一天，又都是静的。

天地之序就是自然之序，循理就是静，不循理就是动，程颐所讲的“动静无端，阴阳无始”，需要的是懂道的人心领神会，而非单靠语言文字就能把意思都说清楚。若只拘泥于文句，就是照猫画虎了，正所谓“心迷《法华》转，心悟转《法华》”。

【156】
心法入门之径

【原文】

来书云："尝试于心，喜、怒、忧、惧之感发也，虽动气之极，而吾心良知一觉，即罔然消阻，或遏于初，或制于中，或悔于后。然则良知常若居优闲无事之地而为之主，于喜、怒、忧、惧若不与焉者，何欤？"

【老刘说】

这部分涉及心性实修的功夫，也就是之前说过的收束心猿意马，触摸心体之后的功夫，陆原静问的是气机流行的范畴。

陆原静来信说："我在感知气机流行的时候，每当喜怒忧惧情绪产生，心中的良知总是能够察觉到，能在其产生之前，或者产生之中，或者产生之后，用良知化解掉。情绪稳定的时候能明显感觉到良知在，一旦有情绪发作，良知却不能及时同步，这是怎么一回事呢？"

关于情绪，不要想当然地觉得有情绪产生就是流于私欲，心学里的私欲指的是溢出的部分，合理存在的并不会被划到私欲的范畴。比如《论语·先进篇》："颜渊死，子哭之恸。从者曰：'子恸矣！'曰：'有恸乎？非夫人之为恸而谁为？'"颜回英年早逝，孔子到颜回家吊丧，哭颜回时情不自禁一直放声大哭。在吊丧回来的路上，跟随孔子一起去的人说："先生您今天大哭了！"孔子说："我大哭了吗？可我不为这个人放声大哭，还为了谁呢？"由此可见圣人也是有七情的，只是不会过分到迷失本性的程度而已。

古人行文简省，后来者需用心体察，才能融会贯通；浅尝辄止，往往会偏离根本，谬之大也。心学看似没有谈论如何让人开智，但实质上，心学的内容都是在告诉人如何不被愚弄、不被反智的。这正是智慧的源头，将根培育好了，还愁枝叶不繁茂吗？

【原文】

知此，则知未发之中、寂然不动之体，而有发而中节之和、感而遂通之妙矣。然谓“良知常若居于优闲无事之地”，语尚有病。盖良知虽不滞于喜、怒、忧、惧，而喜、怒、忧、惧亦不外于良知也。

【老刘说】

阳明先生首先表扬了陆原静：“看到你的信，我还是很高兴的，你能写出这些体会来，说明你已经明白了‘未发之中’‘寂然不动’本体的‘中’，具有‘发而中节’的‘和’，知道了‘感而遂通’的神妙之处。

“但是，你说‘良知常若居于优闲无事之地’，这句话是有毛病的。良知始终都在，无论有没有情绪，没感觉到只是因为修为还不够。”

陆原静认为良知在悠闲无事之处才起作用，原因是心体修炼虽然有一定功力，但还没有臻于纯熟。在情绪发动的当下，即便良知能觉察心已经偏了，但由于私欲对心体的遮蔽过于严实，对良知的监察视而不见。

情绪产生之初，必定是遇到了当喜、当怒、当忧或是当惧的事情，这个情绪的发动必然是良知做出的，比如参加婚礼该喜，参加葬礼该悲等。七情流转是人性的表现，只要这些情绪没有超出合情合理的范畴，就没有必要刻意克制。只有“情尽其用”，才是“亦不外于良知也”。

【157】
照心固照，妄心亦照（上）

【原文】

来书云：“夫子昨以良知为照心。窃谓良知，心之本体也，照心，人所用功，乃戒慎恐惧之心也，犹思也，而遂以戒慎恐惧为良知，何欤?”

【老刘说】

陆原静来信说：“先生您之前认为良知就是照心。我认为，良知是心的本体，照心是人所用的功夫，是戒慎恐惧之心，犹如思一样。而您认为戒慎恐惧是良知，为什么呢?”

“戒慎恐惧”如果搞不懂，这段就不容易理解了。“戒”通“界”，意思是界限，分界。《说文解字》：“戒，警也。”“慎”，其本义是小心，即《说文解字》“谨也”。“戒慎”是“警惕谨慎”的意思。“恐惧”按照《正韵笺》的解释，“恐”有惊惶之意。“惧”乃畏怕之实，恐在惧前也。

《中庸》“戒慎乎其所不睹，恐惧乎其所不闻”中的“其”是指君子以外的他人。这句的意思是：君子在别人看不见、听不到的地方也要保持戒慎恐惧之心。阳明先生说：“盖不睹不闻是良知本体，戒慎恐惧是致良知的工夫。”“戒慎恐惧”是“诚者自成也”，所以《中庸》的“戒慎不睹，恐惧不闻”是体用一源，是“一”而不是“二”，譬如钟声，“未扣时原是惊天动地，既扣时也只是寂天寞地”。是不落“有”“无”二边的“中道”。

“照”是“照射，照耀”的意思，观照内心，就是感知气机流行，把气机从动气最初的一涌动，到风起云涌，再到完全消退的全过程观照清楚明白，才算摸到心学的大门。比如"怒"，怒气刚一出来，自己就已经知道了，到怒发冲冠，再到最后完全消退，整个过程中，即便非常细微的波动自己都能观照得清楚明白，到这个程度，才算把"照心"这件事把握纯熟了。

【原文】

能戒慎恐惧者，是良知也。

【老刘说】

阳明先生赞同陆原静的看法，回答说："能让你戒慎恐惧的就是良知。"

古人讲"体用一源"，把一个词和这个词所具有的功能看作同一件事。说到"照心"就包含了"照心"所具有的功能。"能戒慎恐惧者，是良知也"，即戒慎恐惧的主体是"照心"，等于解释了为什么说戒慎恐惧就等于良知这个问题。

心学实修，只读书不践行是不行的，只在文字上下功夫，咬文嚼字，其结果只会让你变成一个满脑子是知识的书生。如果无法入世治世，无法应对人情事变，说白了，是没有意义的。特别是在面对生死这样的大事时，如果没有日积月累"事上磨"，积累了丰富的处乱不惊的实践经验，心态就会立即崩溃，无法做到"心有光明"。

任何理论，如果不能指导实践，只能用来侃侃而谈，就是徒耗生命的垃圾，没有必要在这些东西上浪费宝贵的人生成本。

【158】
照心固照，妄心亦照（下）

【原文】

来书云：“先生又曰：‘照心非动也。’岂以其循理而谓之静欤？‘妄心亦照也。’岂以其良知未尝不在于其中，未尝不明于其中，而视听言动之不过则者，皆天理欤？且既曰妄心，则在妄心可谓之照，而在照心则谓之妄矣。妄与息何异？今假妄之照以续至诚之无息，窃所未明，幸再启蒙。”

【老刘说】

陆原静来信，问了几个关于“妄心”和“照心”的问题：

一、您说“照心非动也”，难道是因为照心是循理才称其是静的吗？

二、您说“妄心亦照也”，难道认为在妄心中也有良知的成分，妄心中的良知也会知觉体察，其中不逾矩的部分都算符合天理？

三、既然说是妄心，那么，天理在妄心上可称照，而在照心上则可以称妄了。这样，妄与息有什么区别呢？

四、您用“妄心有照”来接续“至诚无息”，实在是看不懂，敬请再指教。

陆澄这封来信，问的是照心和妄心的关系。在心学方面，陆澄是非常用功的，但由于“助”的心太重，有点儿走火入魔，在某些地方过于较真了。

“照心非动”的意思是照心是不动的，打个比方，晚上走路，黑得伸手不见五指，走的时候心里头难免会战战兢兢的，这时候你用手电筒照明，看清了前面的路，心里就踏实多了。路是不会有什么变化的，白天什么样子，晚上还是什么样子，不会因为手电筒的光而发生变化。

阳明先生的意思是，照心就是用手电筒的光照路，只管照就好了，路不会因此有什么改变，只是能被看得更清楚而已。观照内心的时候，心是不动的，只是看着气机流行，七情涌动，而本身不给予任何助长或者压抑。

关于“照心固照，妄心亦照”，阳明先生自己的注解已经说得非常明白了。大道至简，陆澄过于刻意往更玄的方向去理解了，有点儿画蛇添足的味道。修习阳明心学的绝大部分人，都不会产生这样的疑问，读到这部分难免会难以理解。

“且既曰妄心，则在妄心可谓之照，而在照心则谓之妄矣。妄与息何异？”妄心中也有照心在，比如某人做坏事，也会感到心虚，说明妄心中有良知存在；反过来，在照心中也可以存有妄心，妄心主导的时候，就会影响良知的正确判断。如果这个前提成立，功夫就有了停息。那么“妄”和“息”又有什么不同呢？这里“息”是“至诚无息”中的“息”，是“停止”的意思。

于是，陆澄自然引出了如下的疑问：“您用‘妄心有照’来接续‘至诚无息’，实在是看不懂，敬请再指教。”

【原文】

“照心非动”者，以其发于本体明觉之自然，而未尝有所动也；有所动即妄矣。“妄心亦照”者，以其本体明觉之自然者，未尝不在于其中，但有所动耳；无所动即照矣。无妄、无照，非以妄为照、以照为妄也。照心为照，妄心为妄，是犹有妄、有照也。有妄、有照，则犹贰也，贰则息矣。无妄、无照则不贰，不贰则不息矣。

【老刘说】

阳明先生回答说，“照心非动”说的是“照心”起源于本体天然的明觉，是不动的。“妄心亦照”，是因为本体天然的明觉未曾不在妄心中，只是有所动而已。“无妄、无照”，说的是只有一个心，如果说照心为照，妄心为妄，也就等于说既有照心又有妄心，这就不对了。心只有一个，不是两个心轮流值班，自然也就不会有停息，也就是“不息”了。

“本体”和“明觉”这两个词比较抽象，打个比方来帮助大家理解：“本体”相当于刚出厂的杀毒软件，具备出厂时的病毒库，可以直接装在电脑上。但外界的病毒是不断变化的，不是一成不变的，如果杀毒软件要一直起作用，就必须不断升级病毒库，随时应对新出现的病毒，这就是“明觉”。所以不要想当然地认为修心性就是要回到婴儿状态，那相当于是让杀毒软件一直处于出厂状态，是不能应对新出现的病毒的。人如果只强调修成婴儿状态，就是反智了。入世治世要两条腿走路，一条是保持童真，也就是不自欺；另一条是保持智慧，也就是心智一直在线，不可偏废。

妄心是指心体被贪嗔好恶攀附，就相当于手电筒光源前面的玻璃是干净透明的，透光度非常好，照路的时候，我们看到路边石头、树木等是本来的颜色；如果玻璃是脏的，甚至是有色的，照出来的东西就会变色。

遵循的是本该如此的天理的观念，可以认为是照心。比如张三被私欲蒙蔽，临时起意想干坏事，我们就说他的心动了，流入了妄心，但是他的良知依然能判断出这么做是不对的，只是他的行动此时不被良知支配，属于明知故犯。如果这个时候，他的良知突然突破了私欲的遮蔽，主宰了整个行动，也就是我们俗话说的“良心发现”，张三就会停止做坏事。此时张三的心又循理了，妄心变成了照心。

阳明先生总结说，妄心和照心只是心体的不同状态。“无妄、无照”是阳明先生一贯所说的“心一而已”，不能把妄心和照心看成两个小人打架，它们之间的关系，是阴天和晴天的关系，无论阴晴太阳都在。

修行水平不到的时候，我们对内心观照是做不到洞悉明了的。这个时候，如同走夜路，不得不拿手电筒不断地照。当修行水准达到足够高度，能够把握心体里很细微的变化时，就像大白天走路一样，也就不需要这个手电筒了。

【159】
养生第一要务

【原文】

来书云："养生以清心寡欲为要。夫清心寡欲，作圣之功毕矣。然欲寡则心自清。清心非舍弃人事而独居求静之谓也。盖欲使此心纯乎天理，而无一毫人欲之私耳。今欲为此之功，而随人欲生而克之，则病根常在，未免灭于东而生于西。若欲刊剥洗荡于众欲未萌之先，则又无所用其力，徒使此心之不清。且欲未萌而搜剔以求去之，是犹引犬上堂而逐之也，愈不可矣。"

【老刘说】

陆原静来信说，养生这件事情的关键在于清心寡欲，能做到清心寡欲，成为圣人的功夫也就学得差不多了。然而，"清心寡欲"中的"清心"，不是让人离世独居，而是要使此心纯然皆是天理，处处循理而行，没有丝毫的人欲之私念。

来信第一句就提到养生，养生有两个方面，一个指的是对肉身的保养，尽量延长使用时间；另一个指的是心性的修养。一个人三十五岁之前的健康问题，绝大部分是源于基因，出生的时候就定了，人力不可及的部分居多；三十五岁之后的健康问题，绝大部分是源于七情伤身，人力可及的部分居多，只要把心性修好，七情伤身的问题是可以最大程度避免的。比如很多恶性病患者进了医院，往往不是被病魔折磨死的，而是自己把自己吓死的。所以心态对健康状态的影响是非常大的，特别是人到中年以后。

以前，有个同事家养了条金毛犬，后来狗得了恶性肿瘤。这种恶性肿瘤如果是人得了，通常能撑过半年就已经不错了，这狗大概是一年半之后才走的。狗不像人，遇事会纠结，狗遇事一般不往心里去，七情伤身对它基本上没多少影响，所以它活的时间就比较长。从养生的角度来说，修好心性才是我们养好身体的根本，至少颐养天年是没问题的。

陆原静接着说，想要做到清心寡欲的修心之法，按照先生的说法，有两种方式，一种是在私欲产生的时候，立即遏制住，不让私欲长出来，避免私欲延伸出来的贪嗔好恶攀附在心体上；另一种是没事的时候防止私欲萌发，也就是平常的时候，尽量保证心体平和，防止有私欲冒出来。

但两个方式他觉得都有问题。

前一种遏制私欲于即发，但人欲是随时都会冒出来的，就像灭火，东面着火东面灭，西面着火西面灭，追着火跑，跑来跑去没有个尽头，这不是疲于奔命吗？

后一种防止私欲于未萌，私欲还没来就时时警惕，总不能没有问题创造问题来解决吧？这不是自己折腾自己吗？就像“引犬上堂而逐之”，把狗叫过来，再撵走，隔一会儿再叫过来，再撵走，这不是纯粹没事找事吗？

显然陆原静对阳明心学已经有了一定的深入，但他在修心时，有点儿“助”了，具体表现是过于考虑“我”。“我”只是本该如此的天理的一部分，在“我”上着念太多，是源于“求圣之功”的意念太切。

【原文】

必欲此心纯乎天理，而无一毫人欲之私，此作圣之功也。必欲此心纯乎天理，而无一毫人欲之私，非防于未萌之先而克于方萌之际不能也。防于未萌之先而克于方萌之际，此正《中庸》“戒慎恐惧”、《大学》“致知格物”之功，舍此之外，无别功矣。

夫谓灭于东而生于西，引犬上堂而逐之者，是自私自利，将迎意必之为累，而非克治洗荡之为患也。今曰“养生以清心寡欲为要”，只“养生”二字，便是自私自利、将迎意必之根。有此病根潜伏于中，宜其有“灭于东而生于西”“引犬上堂而逐之”之患也。

【老刘说】

阳明先生说："此心达到'纯乎天理，而无一毫人欲之私'，就是成为圣人的功夫。具体修习方法就是在私欲还没有萌发时进行预防，在私欲刚刚萌发时加以遏制，这就是《中庸》中'戒慎恐惧'和《大学》中'致知格物'的功夫。这点是毫无疑问的。

"至于你说的'灭于东而生于西''引犬上堂而逐之'，是因为心里还有私欲作祟，是因为心中有'迎合'的念头作怪，'求圣之功'的意念太切就是揠苗助长了。

"你说养生的关键在于清心寡欲，'养生'这两个字已经是自私自利、固执己见了。这个病根始终潜伏在心中，难免就会有'灭于东而生于西'和'引犬上堂而逐之'的麻烦了。"

这里关于阳明先生批评陆原静"养生"的话，是针对陆原静个人具体情况而言的，是对症下药的话。比如面对一个带病坚持工作的员工，阳明先生估计会说，不注重养生（身体健康）也是流于私欲。

无论是太执着于"我"，还是太忽略"我"，都不是循理而行，都是流于私欲的表现。所以，这部分不要片面地理解成阳明先生反对养生。

【160】
欲求宁静，愈不宁静

【原文】

来书云："佛氏于'不思善、不思恶时，认本来面目'，于吾儒'随物而格'之功不同。吾若于不思善、不思恶时，用致知之功，则已涉于思善矣。欲善恶不思，而心之良知清静自在，惟有寐而方醒之时耳。斯正孟子'夜气'之说。但于斯光景不能久，倏忽之际，思虑已生，不知用功久者，其常寐初醒而思未起之时否乎？今澄欲求宁静，愈不宁静，欲念无生，则念愈生。如之何而能使此心前念易灭，后念不生，良知独显，而与造物者游乎？"

【老刘说】

这节紧承上一节，陆原静的病因依然是一个"助"的问题。

"不思善、不思恶时，认本来面目"这句话出自《六祖坛经·行由品》，意思是不刻意向善避恶，在自然状态下认知本心。这就像水里的礁石一样，波涛汹涌的时候，我们只能隐隐约约看到礁石；而在风平浪静的时候，礁石露出水面，我们就可以清清楚楚看到了。

这里有个典故，六祖慧能继承了五祖弘忍的衣钵，其他弟子很不服气，想把衣钵抢回来，于是六祖慧能避祸南行。追六祖慧能的人里有一个僧人叫惠明，当和尚之前是个四品将军，身体素质比较好，在一众和尚中追在最前面。慧能到大庾岭的时候，眼看就要被追上了，就把衣钵放在石头上面，自己躲到了草丛里边。惠明到了之后，看到衣钵大喜过望，想把衣钵拿起来，却不想衣钵好似在石头上生了根，怎么也拿不起来，他就说："行者！行者！我为法来，非为衣来。"意即我是为了佛法而来的，不是为着这个衣钵而来的。

慧能这时候从草丛里走了出来，听惠明这样讲，就对惠明厉声说道："不思善，不思恶，正与么时，那个是明上座本来面目？"

惠明被慧能这么一问，即刻就开悟了。开悟后问："上来密语密意外，还更有密意否？"还有比这个更妙、更秘密的吗？慧能就说："与汝说者，即非密也。汝若返照，密在汝边。"意即这个秘密的在你自性里边，我若能说给你的，那就不是密了。

惠明感激说："虽在黄梅，实未省自己面目。今蒙指示，如人饮水，冷暖自知。"于是礼慧能为师。

禅宗是中国化的佛教，强调证悟自性本心的修行，真正的证悟必定来自亲身的践行，而非谈玄说妙、光说不练，践行这件事是别人替代不得，不足为外人道的。

陆原静已经意识到，佛家的"不思善、不思恶"和儒家"随物而格"不是一码事，他谈了一下体会，"不思善、不思恶"时用致知的功夫，就已经坠入思善了。想要善也不思，恶也不思，而让内心的良知清静自在，只有在睡后刚醒之时才能做得到。也就是孟子所说的"夜气"，但是这种状态是没办法持久的，转瞬之间，就会有思虑产生。

"夜气"出自《孟子·告子上》，原文："孟子曰：'牛山之木尝美矣，以其郊于大国也，斧斤伐之，可以为美乎？是其日夜之所息，雨露之所润，非无萌蘖之生焉，牛羊又从而牧之，是以若彼濯濯也。人见其濯濯也，以为未尝有材焉，此岂山之性也哉？'"意思是说，有一座山叫牛山，山上树木葱郁。但是这座山的位置不好，正好处在两个大国中间，两边人都来砍树，树木生长的速度根本赶不上砍的速度，最后牛山就变成了光秃秃的一片。引申的意思是说，我们心里存养的良知是不断生长的，晚上我们躺下睡觉的时候，良知滋润整个身体，正气逐渐往上升，开始充盈。但是如果白天消耗的正气太多，致使每个晚上产生的正气"入不敷出"，人整体的正气就会不断减少，最后就会被完全耗尽，这个时候，人离禽兽就不远了。就像牛山的树木，虽然不断生长，但远远追不上砍伐的速度，最后牛山就变成秃山了。

那么怎么做才能让此心前念易灭而后念不生，良知独显而此心和天地之理相契合呢？

陆原静接着说，修行水平高的人，是否能始终保持睡后刚醒时候的状态？现在自己想要求静，却愈不能静，想要杂念不生，杂念却愈发产生。那么究竟该怎么做，才能达到此心与天理时时处处契合呢？

【原文】

"不思善、不思恶时，认本来面目"，此佛氏为未识本来面目者设此方便。本来面目即吾圣门所谓良知，今既认得良知明白，即已不消如此说矣。

"随物而格"是致知之功，即佛氏之"常惺惺"[①]，亦是常存他本来面目耳。体段工夫大略相似，但佛氏有个自私自利之心，所以便有不同耳。今欲善恶不思，而心之良知清静自在，此便有自私自利、将迎意必之心，所以有"不思善、不思恶时，用致知之功，则已涉于思善"之患。孟子说"夜气"，亦只是为失其良心之人指出个良心萌动处，使他从此培养将去。今已知得良知明白，常用致知之功，即已不消说"夜气"。却是得兔后不知守兔，而仍去守株，兔将复失之矣。欲求宁静，欲念无生，此正是自私自利、将迎意必之病，是以念愈生而愈不宁静。良知只是一个良知，而善恶自辨，更有何善何恶可思！良知之体本自宁静，今却又添一个求宁静；本自生生，今却又添一个欲无生，非独圣门致知之功不如此，虽佛氏之学亦未如此将迎意必也。只是一念良知，彻头彻尾，无始无终，即是前念不灭，后念不生。今却欲前念易灭，而后念不生，是佛氏所谓断灭种性[②]，入于槁木死灰之谓矣。

【老刘说】

阳明先生说："'不思善、不思恶时，认本来面目'，这是佛家针对那些还

① 常惺惺：禅宗语，意为保持清醒状态。
② 断灭种性：佛家语，意为使心处于死寂状态。

不清楚什么是本来面目的人说的话，只是个方便之法。佛家所说的本来面目就是我们儒家的良知。现在你已经清楚什么是良知，也就没必要再用佛家的这种说法了。

“‘随物而格’是致知所用的功夫，也就是佛家所说的‘常惺惺’，意思是指常存本来面目。”“常惺惺”指长久保持清醒，也就是我们说的时时刻刻存养良知。朱熹注释说：“惺惺乃心不昏昧之谓。”

阳明先生接着说：“佛家和儒家在内修方面的功夫大体上是相似的。但佛家有自私自利的一面，这里就有所区别了。”

先生说佛家的自私自利之心，指的是儒家讲入世治世，讲修、齐、治、平；佛家不同，佛家是不讲治世的，佛家更侧重出世，入山也好，入寺也好，都是修自己，或者修小众群体的，不讲大群体的事情，“修、齐、治、平”四个字，后三个字和佛家都没太大关系。儒家要“修、齐、治、平”，入世治世需要和很多人打交道、处理各种关系；佛家的修行重点是出世，关注的核心点自然是自己。

“欲善恶不思，而心之良知清静自在”这句话，说的是想要善和恶都不思，心中的良知就能清静自在，这恰好就有了“自私自利、将迎意必”的心，所以才有“不思善、不思恶时，用致知之功，则已涉于思善”的毛病。

“将迎”是“逢迎、迎合”的意思，“意必”指的是孔子四绝（毋意，毋必，毋固，毋我）中的“毋意、毋必”。

“毋意”，指的是不主观臆断，不想当然，不先入为主地去武断专行。

“毋必”，指的是对任何事物都不要抱必然的期待，不要认定事情必须会如何发展，必定会怎样怎样。天下事没有一件是“必然”的，所谓希望要做到这样，而事实往往未必。

孟子说的“夜气”，是因为有些人私欲太多，不懂得存养良知，正气消耗过甚，为的是给那些失去良知之心的人，指出一个良知之心萌生的地方，让他们有个可以着手下功夫的地方。

阳明先生说，陆原静已经完全明白良知是怎么一回事，也懂得如何用“致知”的功夫，就没必要再说什么“夜气”了。如果此时还执泥于此，就是守株待兔了。得到兔子后不是想办法看住兔子，而是仍守着兔子撞的那棵树，这样的结果就是将再次失去兔子。

阳明先生针对陆原静求胜之功意念太急切，注意力被成圣名功利所吸引，以至于不能将力量恰当地运用在修心功夫上的毛病，最后做了个总结：

“你在心学功夫上，的确很努力，但是力气不是用得越大越好，也不是用得越小越好，而是要恰到好处，你最大的问题是过于刻意，这样的结果就是画蛇添足。刻意去求杂念不生，所以才会杂念丛生。良知一直都在，只要时时存养，善恶自明，哪还需要什么刻意去‘思’？

“良知的本体本来就是静的，现在却增加一个求静的用心；良知本来就是生生不息的，现在却又增加一个想要不生的用心，儒家的致知功夫不是这样的，就算佛家的功夫也不是这样的，这已经完全走偏了。

“只要时时刻刻不间断地存养良知就可以了，也就能做到前念不灭，后念不生。你现在却想做到前念灭了，后念也不生，那还谈什么生生不息呢？岂不成了断灭种性，堕入顽空了？

“‘天地之大德曰生’，心性要活泼泼地生生不息，你这样已经沦入了‘槁木死灰’，还谈什么修心性？”

【161】
避免让“客气”[1] 为主

【原文】

来书云：“佛氏又有常提念头之说，其犹孟子所谓‘必有事’，夫子所谓‘致良知’之说乎？其即‘常惺惺，常记得，常知得，常存得’者乎？于此念头提在之时，而事至物来，应之必有其道。但恐此念头提起时少，放下时多，则工夫间断耳。且念头放失，多因私欲客气之动而始，忽然惊醒而后提，其放而未提之间，心之昏杂多不自觉，今欲日精日明，常提不放，以何道乎？只此常提不放，即全功乎？抑于常提不放之中，更宜加省克之功乎？虽曰常提不放，而不加戒惧克治之功，恐私欲不去；若加戒惧克治之功焉，又为‘思善’之事，而于‘本来面目’又未达一间也。如之何则可？”

【老刘说】

陆原静来信问：“佛家的‘常提念头’，孟子的‘必有事’，先生您的‘致良知’是不是一回事？这应该就是‘常惺惺，常记得，常知得，常存得’吧？”

“常提念头”的“念头”是禅宗用语，是分开来读的，意思是“觉知一念之头”。一个念头，往往出现和消失都在一瞬间。而每一个念头，都会被我们知觉到。心中的“念头”是不断的，“常提念头”就是让修禅的人时刻关注自己

① 客气：“客”与“主”对，心性主于内，客气散于外。

一念起时，是从何而起、如何而起的，这样才能不断观照明心得智慧。

孟子的“必有事”，意思是人只要在有意识的情况下，心中就会有持续不断的念头。心的状态，如同“逝者如斯夫”的河流，前念刚灭，后念又生，是不会有真空期的。

阳明先生的“致良知”，意思是显现良知、落实良知。良知向内是真知，也就是行得出来的知。比如有人不会开车，但他把开车的技术手册背得滚瓜烂熟，聊开车的事情，你是聊不过他的，但一上车保不齐就把车开沟里面去了。良知向外就是应对人情事变的待人接物。

“常惺惺”上一节已经说过了，这里不再赘述。

陆原静接着说，当心头良知当家的时候，遇到事情，应对就有章法了。但时时刻刻都保持良知在线的确是有难度的。现实情况下，往往会有不在线的时候，功夫就会出现间断。

遇到具体的事情，因为私欲和“客气”的萌生，就会导致良知处于离线状态，猛然想起存养良知这个事情，就会惊醒，又能让良知在线。当然，有时候会因为心中的昏杂之念不能自我察觉，而不能惊醒。

“客气”在这里不是平常说的有礼貌的客气，而是对应“主气”来说的。心性主于内，从内而发的就是“主气”；由于外物的影响而产生的气，就是“客气”。比如说一个人平常脾气挺好，喝点儿酒之后就耍酒疯，又砸东西又骂人的，这就是“客气”导致的。

陆原静接着说，现在想日益精进清晰，始终保持良知在线，该怎么做呢？在常提不放中，如果不用省察克治的功夫，就没办法除去私欲；要是用了戒惧克治的功夫，又怕成了“思善”的事情，和“本来面目”的要求没办法统一，该怎么办才好呢？

这段文意不难理解，陆原静的问题根源和前两节是一样的。成圣之心过急，已经是急功近利了，这个功利之心必然会影响到修行。应对问题的关键点就是克去私欲，一切循理。

【原文】

戒惧克治即是常提不放之功，即是“必有事焉”，岂有两事邪！此节所问，前一段已自说得分晓，末后却是自生迷惑，说得支离。及有“本来面目未达一间”之疑，都是自私自利、将迎意必之为病，去此病，自无此疑矣。

【老刘说】

阳明先生说：“你的体会本身就已经支离破碎了，‘戒惧克治’本来就是‘常提不放’之功，就是‘必有事焉’，怎么能是两回事儿？

“你这一节所问的，前一段已经说得很明白了，没想到你反而自生迷惑，说得更支离破碎了，以至于把这些本来是一回事的事情，搞得面目全非，这都是你自私自利、将迎意必所引发的毛病，等把这些毛病治好了，就没有这些疑惑了。”

【162】
明则诚矣

【原文】

来书云："质美者明得尽，渣滓便浑化。[①] 如何谓明得尽？如何而能便浑化？"

【老刘说】

陆原静来信说，程颢先生说"质美者明得尽，渣滓便浑化"，"尽"是到达极限的意思，"浑化"是"浑然化一，融为一体"的意思。这句话的意思是，如果一个人天资比较好，那么这个人"上达"的速度就会很快，就像矿石本身质地好、杂质很少，只要稍稍炼化一下即可变成纯净的矿石。如果矿石质地比较差，提炼过程就会很费劲，想变成纯净的矿石就很难。

陆澄问的是什么是"明得尽"，怎样才能"便浑化"。

【原文】

良知本来自明。气质不美者，渣滓多，障蔽厚，不易开明。质美者，渣滓原少，无多障蔽，略加致知之功，此良知便自莹彻，些少渣滓，如汤中浮雪，如何能作障蔽？此本不甚难晓，原静所以致疑于此，想是因一"明"字不明白，亦是稍有欲速之心。向曾面论明善之义，明则诚矣，非若后儒所谓明善之浅也。

① 语出《二程集·河南程氏遗书》卷十一。

【老刘说】

阳明先生说，虽然说良知本来自明，但是有的人天资好一些，有的人天资差一些，天资不好的，心里的杂质比较多，想炼化好并不容易；天资比较好的，杂质原本就少，稍微用一些致良知的功夫，良知就很容易显现出来，就像“汤中浮雪”，“汤”在这里是热水的意思，就像热水中的雪一样，会迅速融化掉，几乎是影响不到热水的。

这句话没想明白，主要是因为“明”这个字没搞懂，又有点儿“欲速之心”。“明”在这里是“诚”的意思，即“明则诚矣”，“明善”的意思以前已经说过，后儒把“明”解释成“明善”，太过肤浅了。

这段理解起来，没什么难度。阳明先生明确指出陆原静的根本问题是“欲速之心”，学习阳明心学，哪怕是迫切希望学好，也要注意不要因为急于求成，而导致出现“助”的弊病。

【163】
人和人的不同之处

【原文】

来书云："聪明睿知果质乎[①]？仁义礼智果性乎？喜怒哀乐果情乎？私欲客气果一物乎？二物乎？古之英才，若子房[②]、仲舒[③]、叔度[④]、孔明[⑤]、文中[⑥]、韩[⑦]、范[⑧]诸公，德业表著，皆良知中所发也，而不得谓之闻道者，果何在乎？苟曰此特生质之美耳，则生知、安行者，不愈于学知、困勉者乎？愚意窃云谓诸公见道偏则可，谓全无闻则恐后儒崇尚记诵训诂之过也。然乎？否乎？"

【老刘说】

陆澄来信问："'聪明睿知'真的是人的天生禀赋吗？'仁义礼智'果真是人的本性吗？'喜怒哀乐'等情绪真是人的情感吗？私欲和'客气'（见161节）究竟是同一回事还是两回事呢？"

---

① 朱熹《中庸章句》："聪明睿知，生知之质。"

② 子房：张良，辅佐刘邦打败项羽，建立汉朝，封留侯。

③ 仲舒：董仲舒（前179—前104），广川（今河北景县西南）人。西汉哲学家、今文经学大师。其学以儒家思想为中心，开此后两千余年封建社会以儒学为正统之先声，影响极大。著作有《春秋繁露》等。

④ 叔度：黄宪，世贫贱，父为牛医，而宪以学行见重于时。

⑤ 孔明：诸葛亮，字孔明，琅琊阳都（今山东沂南）人，三国蜀汉政治家、军事家。

⑥ 文中：文中子，即王通。

⑦ 韩：韩琦（1008—1075），字稚圭，相州安阳（今河南）人。宋仁宗时进士，曾出任陕西安抚史，与范仲淹共同防御西夏，时人称"韩范"。

⑧ 范：范仲淹（989—1052），字希文，苏州人。北宋政治家、文学家，著有《范文正公集》。

“性”和“情”的关系说一下，“性”之动谓之“情”，它们之间的关系举个例子来说明，冰和水本质上是一种东西，都是由水分子构成，冰是水的固态，水是冰的液态。性和情之间的关系也是这样，“性”是宁静的状态，“情”是气血涌动发挥出来的状态。喜怒哀乐未发为“性”，已发为“情”。发出来的情可以分成两类：一类是中节的，就是妥当的，这叫“和”；另一类是没中节的，不能算是“和”了。

陆原静接着说：“古代的英才，像子房、仲舒、叔度、孔明、文中、韩、范等历代名人，他们的功业很大，德业也很显著，都是从他们的良知中生发出来的，却不能称他们为‘闻道者’，这是为什么呢？得道的标准究竟是什么呢？

“按理说，天资禀赋卓越，即‘生知’的人，肯定要比‘学知’和‘困勉’的人更容易得道一些。

“所以，我个人认为，我列举的这些人，如果说他们对道的认识不够全面，大概是可以，但说他们完全对道没有认识，恐怕就是后世儒者太过崇尚记诵训诂之学所形成的偏见了。”

【原文】

性一而已。仁、义、礼、知，性之性也；聪、明、睿、知，性之质也；喜、怒、哀、乐，性之情也；私欲、客气，性之蔽也。质有清浊，故情有过不及，而蔽有浅深也；私欲、客气，一病两痛，非二物也。张、黄、诸葛及韩、范诸公，皆天质之美，自多暗合道妙，虽未可尽谓之知学，尽谓之闻道，然亦自其有学，违道不远者也；使其闻学知道，即伊①、傅②、周③、召④矣。若文中子则又不可谓之不知学者，其书虽多出于其徒，亦多有未是处，然其大略则亦居然可见，但今相去辽远，无有的然凭证，不可悬断其所至矣。夫良知即是道，良

---

① 伊：伊尹，商初重臣，辅佐商汤灭夏。

② 傅：傅说（yuè），商王武丁的大臣。相传原是傅岩地方从事版筑的奴隶，后被武丁起用，治理国家。

③ 周：周公旦，周文王姬昌第四子，周武王姬发的弟弟，曾两次辅佐周武王东伐纣王，并制作礼乐。因其采邑在周，爵为上公，故称周公，被尊为“元圣”和儒学先驱。

④ 召（shào）：召公。一作邵公、召康公，名奭（shì）。周文王之子，曾佐武王灭商。封于燕地，为周代燕国始祖。

知之在人心，不但圣贤，虽常人亦无不如此。若无有物欲牵蔽，但循着良知发用流行将去，即无不是道。但在常人多为物欲牵蔽，不能循得良知。如数公者，天质既自清明，自少物欲为之牵蔽，则其良知之发用流行处，自然是多，自然违道不远。学者学循此良知而已。谓之知学，只是知得专在学循良知。数公虽未知专在良知上用功，而或泛滥于多歧，疑迷于影响，是以或离或合而未纯。若知得时，便是圣人矣。后儒尝以数子者，尚皆是气质用事，未免于行不著，习不察，此亦未为过论。但后儒之所谓著、察者，亦是狃于闻见之狭，蔽于沿习之非，而依拟仿象于影响形迹之间，尚非圣门之所谓著、察者也。则亦安得以己之昏昏，而求人之昭昭也乎?① 所谓生知、安行，“知、行”二字亦是就用功上说；若是知、行本体，即是良知、良能，虽在困勉之人，亦皆可谓之生知、安行矣。知、行二字更宜精察。

【老刘说】

阳明先生说：“性一而已。仁、义、礼、知，性之性也。”第一个“性”字是指“主一之功”的“一”，第三个“性”字指的是特质。这句的意思是，仁、义、礼、智是本性的表现。比如一个人心是诚的，外在表现就是这是一个诚实的人。

“聪、明、睿、知，性之质也”中的“质”就是本性圆满的人自然流动出来的特征。“喜、怒、哀、乐，性之情也”，性的外在表现就是七情。

私欲和“客气”对人本性的遮蔽，外在表现虽然有所不同，但它们是一回事，都是私欲对心体的遮蔽造成的。比如常说的耍酒疯，酒壮怂人胆，根本原因还是心里的私欲作祟，喝酒之后自控力下降，隐藏的私欲就被放大了，遮蔽了良知。

像张良、黄宪、诸葛亮，以及韩琦、范仲淹这些人，个人成就和事功很大，天资禀赋也非常高，所思所行很多都是符合天理的，即便他们本人不是特别清楚“道”究竟是什么，他们的才学也都离圣学之道不远了。如果按照

---

① 《孟子·尽心下》：“贤者以其昭昭，使人昭昭；今以其昏昏，使人昭昭。”

“道”的标准来说，这些人的纯度是不够的。假如他们真能做到“知学”和“闻道”，那他们就可以跻身于伊尹、傅说、周公、召公之流了。

至于文中子，又不能想当然地说他“不知学”，虽然他的书大多出自他的徒弟之手，并且其中有一些记述不当的地方，但从大方向来说，还是有些可圈可点的地方的。现在距离文中子的时代太过遥远，没有确切的证据，不能凭空臆断文中子的真实水平。

阳明先生说完陆原静列举出来的这几个人之后，提出了自己的观点。“夫良知即是道，良知之在人心，不但圣贤，虽常人亦无不如此”是这一节的核心。意思是良知就是道，就是天理落在心之本体上，道就是性，性完全显现在人身上就是“中和”二字，我们把“中和”这两个字做好了，性自然就做好了，性做好了，也就是得道了。不但圣贤是这样，就算普通人也无不如此，若是没有外物和私欲的牵累和障蔽，只循着良知的生发处去行，就没有不合道的。

只要心体不被物欲遮蔽，按照良知的方向走，就没有达不到道的。这里的物欲指的是好名、好色、好货的私欲，也就是之前说的“天道求无，人道求有”的“有”字。很多平常人达不到道，是因为被私欲遮蔽太多而看不到道的真相。天资禀赋高的人，如果不按照良知指引去做的话，一样也是得不了道的。

诸位前贤，天资禀赋都很高，私欲的遮蔽自然就会少很多，距圣学之道已经很近了。这些人不知道圣学的根本用功处只是个存养良知，于是有的在岔路口不知如何选择是对的，有的在各种影响中迷失，他们对道的把握有时吻合，有时偏离，而没能做到时时刻刻合道而行，如果做到了，就是圣人了。

“后世的儒者认为你列举的这些人，只是凭借自己的天资禀赋行事，难免会失于‘行不著’与‘习不察’，这样说也不过分。”

“行不著，习不察”，出自《孟子·尽心上》，原文“行之而不著焉，习矣而不察焉，终身由之而不知其道者，众也。”意思是“做了的事情，却不明白为什么要做，天天习以为常却不知道所以然，天天嚷嚷自己是按照‘道’在做事，却不知什么是道，这种人是很多的。”

后世的儒者所说的“著”“察”，许多是盲人摸象，自己都不能真正搞清楚究竟是怎么一回事，就对圣学之道中的一鳞半爪进行东施效颦式的模仿，不知其然偏偏要论其所以然。他自己都是稀里糊涂的状态，怎么可能指望他讲出来让别人明白呢?

譬如学习阳明心学，很多人连《传习录》都没看过几页，就跑出来断章取义地乱讲。更有甚者，明明满腔私欲，却出来教别人怎么去除私欲，无异于老流氓教导黄花闺女如何守贞操。

好名且被私欲遮蔽的人，好为人师，知道自己只是半桶水，就特别喜欢在还不具备分辨能力的初学者面前卖弄，着实误人子弟，害人不浅。

“生知、安行”中的“知”“行”二字就是从用功上说的。知行的本体就是良知、良能。

“生知、安行”的人只是更容易合乎天地之道而已。但就算天资禀赋再高，也要主动去知行，如果不主动，想把心性修好是不可能的。在心性修炼中，天资禀赋是有作用的，但重点依然是自己主动的努力。“主动”二字，是最平易，也是最重要的要素。

“良知、良能”人人都有，在这一点上，愚夫愚妇也可以和圣人平起平坐，从这个角度来说，那些天生资质平庸的“困勉”的人，也可以称为“生知、安行”，因为所有人所遵循的本体都是一样的。从这个角度，我们需要细察的地方就是阳明先生强调的“知”“行”二字。

王安石《伤仲永》中记述的方仲永，天资虽好，最终依然是“泯然众人矣”。说的就是这个道理。

伤仲永（节选）

金溪民方仲永，世隶耕。仲永生五年，未尝识书具，忽啼求之。父异焉，借旁近与之，即书诗四句，并自为其名。其诗以养父母、收族为意，传一乡秀才观之。自是指物作诗立就，其文理皆有可观者。邑人奇之，稍稍宾客其父，或以钱币乞之。父利其然也，日扳仲永环谒于邑人，不使学。

余闻之也久。明道中，从先人还家，于舅家见之，十二三矣。令作诗，不能称前时之闻。又七年，还自扬州，复到舅家问焉。曰:“泯然众人矣。”

【164】
心体本来的样貌

【原文】

来书云："昔周茂叔[①]每令伯淳[②]寻仲尼、颜子乐处[③]。敢问是乐也，与七情之乐同乎？否乎？若同，则常人之一遂所欲，皆能乐矣，何必圣贤？若别有真乐，则圣贤之遇大忧、大怒、大惊、大惧之事，此乐亦在否乎？且君子之心常存戒惧，是盖终身之忧[④]也，恶得乐？澄平生多闷，未尝见真乐之趣，今切愿寻之。"

【老刘说】

陆原静来信说，过去，周敦颐经常要求程颢寻觅孔子与颜回的快乐之处。这句出现四个人。周茂叔即周敦颐，伯淳即程颢，他们是师徒关系。颜子即颜回，孔子的弟子。周敦颐在教导徒弟程颢的时候，为了说清楚圣人之乐和"七情之乐"的区别，让程颢好好琢磨孔子和颜子快乐的根源是什么。颜子住在贫民区里，吃得非常简单，睡觉的时候连个枕头都没有，每天还高高兴兴的。从普通人的角度看，颜子日子都过成这样了，每天还高高兴兴的，怕不是神经病吧？

---

① 周茂叔：周敦颐。

② 伯淳：程颢。

③ 《二程集·河南程氏遗书》卷二上："昔受学于周茂叔，每令寻颜子、仲尼乐处，所乐何事。""颜子乐处"指《论语·雍也》："子曰：'贤哉，回也！一箪食，一瓢饮，在陋巷，人不堪其忧，回也不改其乐。'"另在《论语·述而》中有："子曰：'饭疏食饮水，曲肱而枕之，乐亦在其中矣。'"

④ 《孟子·离娄下》："是故君子有终身之忧，无一朝之患也。"

陆原静的疑问是，如果说圣人之乐和“七情之乐”是相同的，普通人只要满足自己的欲望就能快乐，又何必再去追求圣人之乐呢。

“七情之乐”指的是《老子》的“五色令人目盲，五音令人耳聋，五味令人口爽，驰骋畋猎令人发狂”，在上篇122节曾经提到过。

陆原静接着说：“如果圣人之乐和‘七情之乐’是不同的，那么圣贤遭遇大忧、大怒、大惊、大惧的事情，这个乐还存在吗？况且孟子说‘是故君子有终身之忧，无一朝之患也’，乐又从哪里来呢？我这个人平常比较闷，还没有体会过真正的圣人之乐的趣味，现在，急切希望能体验一下。”

这里的“闷”字通“遁世无闷”的“闷”，是烦忧的意思。

陆原静正是分不清圣人之乐和“七情之乐”到底有什么不同，才提出这些问题。

【原文】

乐是心之本体，虽不同于七情之乐；而亦不外于七情之乐；虽则圣贤别有真乐，而亦常人之所同有，但常人有之而不自知，反自求许多忧苦，自加迷弃。虽在忧苦迷弃之中，而此乐又未尝不存，但一念开明，反身而诚，则即此而在矣。每与原静论，无非此意，而原静尚有“何道可得”之问，是犹未免于骑驴觅驴之蔽也。

【老刘说】

阳明先生回答说，乐是心的本体，虽然不同于七情之乐，却也不在七情之乐的外面。圣人之乐也就是本体之乐，此乐“亦不外于七情之乐”，这句是儒学和佛学很关键的区别，佛学要求人斩断“七情之乐”，而儒学却肯定了“七情之乐”的合理性。佛家要求禁欲，儒家讲不离七情，但绝不被“七情之乐”羁绊，遵循的准则是“循理”。圣人之乐最高的遵循准则就是循天地之理。

儒学是肯定七情合理性的，首先认定人是有人性的，只要按照人性光明的方向发展，妥善应对人情事变，就是符合当前境遇。比如以前男人三妻四妾很正常，根本不算有违道德，但是现在包养小三肯定是有违道德的，这就是《中庸》说的“君子素其位而行”。

佛家要求六根清净，强制禁欲，违反天地大道的自然之理，反而容易适得其反，难免会有些不肖子弟搞出些丑闻来。

每个人的“七情之乐”中，都孕育着圣人之乐的萌芽，只是这个萌芽在圣人处能成材，在普通人处很难成材。普通人做功夫，就是去掉“自求”的“许多烦忧”，去掉“自加”的诸般“迷弃”，才能到达圣人之乐。

“但一念开明，反身而诚，则即此而在矣”，意思是只要时时存养良知，做到不自欺，心光明之后，所得到的乐自然就是坦坦荡荡的。

“每次和你论道，反反复复，说的都是这个意思，你仍要询问用什么方法可以得到圣人之乐，这不是骑驴找驴吗？”

【165】
良知出真乐

【原文】

来书云："《大学》以'心有好乐、忿懥、忧患、恐惧'为'不得其正'，而程子亦谓'圣人情顺万事而无情'①。所谓有者，《传习录》中以病疟譬之，极精切矣。若程子之言，则是圣人之情不生于心而生于物也，何谓邪？且事感而情应，则是是非非可以就格；事或未感时，谓之有则未形也，谓之无则病根在有无之间，何以致吾知乎？学务无情，累虽轻，而出儒入佛矣，可乎？"

【老刘说】

陆原静来信说，《大学》中说"所谓修身在正其心者，身有所忿懥，则不得其正；有所恐惧，则不得其正；有所好乐，则不得其正；有所忧患，则不得其正。"而程颢先生也说过："圣人情顺万事而无情。"

《大学》这句的意思是，如果身被忿懥、恐惧、好乐、忧患干扰，心就会偏离正位。程子这句话出自《河南程氏文集》，程颢"圣人情顺万事而无情"中，两个"情"字的意思是不同的，第一个"情"字指人的本性之情，第二个"情"字指偏离了自然之理流于私意的情。

《传习录》中用疟疾做比喻，非常精切。这个比喻指的是上篇 76 节中"然平日好色、好利、好名之心原未尝无；既未尝无，即谓之有；既谓之有，

① 语出《二程集·河南程氏文集》，意为圣人的情感顺应万事万物自然而发，不会刻意动情。

则亦不可谓无偏倚。譬之病疟之人，虽有时不发，而病根原不曾除，则亦不得谓之无病之人矣。”

按照程颢先生所说，会得出一个“圣人之情不生于心而生于物”的结论。陆原静的依据是，有事情来感时，心中才会产生和那件事情相对应的情，良知会对此作出判断：合理的情，就扩充；不合理的情，就遏制。这就是说良知也需要一个着力之处的。反过来，如果事情还没来的时候，说有情吧，它还并未显露出来；说无情吧，可情就像病根一样存在着。若有若无，又该从何处入手来致自己的良知呢？

陆原静这里把“心”和“物”相提并论，说明他理解的“物”字是偏重于“物质”意思的，儒学讲“心物一体”，“意之所在便是物”，谈“心”必然有“物”，谈“物”必然有“心”，陆原静的理解，已经偏离阳明心学的根本基础了。

陆原静要表达的意思是：心里潜伏的弊端，遇到事情自然会显现出来，可以去格正；没有事情的时候，潜伏的弊端若有若无，该如何入手来格正弊端呢？如果对什么都无情，似乎又偏离了儒学，转到佛学的套路里了。

其实“学务无情，累虽轻，而出儒入佛矣，可乎？”这个问题本身就是有问题的。前文中的“情”字，指的是偏离了自然之理流于私意的情，而陆原静这句的“情”显然是包括偏离了自然之理流于私意的情和顺应天理的自然之情，所以才得出了个“出儒入佛”的疑虑。

【原文】

圣人致知之功，至诚无息。其良知之体，皦如明镜，略无纤翳，妍媸之来，随物见形，而明镜曾无留染，所谓“情顺万事而无情”也。“无所住而生其心”①，佛氏曾有是言，未为非也。明镜之应物，妍者妍，媸者媸，一照而皆真，即是生其心处，妍者妍，媸者媸，一过而不留，即是无所住处。病疟之喻，既已见其精切，则此节所问可以释然。病疟之人，疟虽未发，而病根自在，则亦安可以其疟之未发

---

① 语出《金刚经》。

而遂忘其服药调理之功乎？若必待疟发而后服药调理，则既晚矣。致知之功，无间于有事、无事，而岂论于病之已发、未发邪？大抵原静所疑，前后虽若不一，然皆起于自私自利、将迎意必之为祟，此根一去，则前后所疑，自将冰消雾释，有不待于问辨者矣。

【老刘说】

阳明先生回答说，圣人致知的功夫是至诚不息的。圣人良知的本体，就像明镜一样，没有丝毫蒙蔽，无论什么东西放在镜子面前，镜子都能照出来，东西移开之后，镜子里什么都不会留下，这就是“情顺万事而无情”。

“无所住而生其心”是《金刚经》中的话，明镜照物，无论美丑，在镜子中的像都是真实的，这就是“生其心”。丑的照出来还是丑的，美的照出来还是美的，照过之后而不留丝毫在镜中，这就是“无所住”。

人得病的时候有两种状态：一种状态是症状显现出来了；另一种状态是症状没显现出来。症状显现出来，当然要治病，那么没症状就不治疗吗？致良知的功夫也是同样的道理，不分有事与无事，都是要存养良知的。

所谓“巧妇难为无米之炊”，没事的时候怎么致知呢？

前文说过心性和七情的关系，情绪就像大海的水一样，心性就像海水上的船，大海有巨浪滔天的时候，也有风平浪静的时候，但是海面是不可能完全平静的，多多少少会有一点儿动，只是动得不明显而已。我们心中的情绪也是这样的，情绪始终在，只是波动的幅度大小而已。“道心惟微”，只要修到足够精细的程度，是能感觉到这个动的。

最后阳明先生总结了一下，陆原静之所以有这么多问题，根本原因是他的“自私自利、将迎意必”在作怪，只要把这根除掉，一切问题就都迎刃而解了。

钱德洪跋

【原文】

答原静书出，读者皆喜澄善问，师善答，皆得闻所未闻。师曰："原静所问只是知解上转，不得已与之逐节分疏。若信得良知，只在良知上用工，虽千经万典无不吻合，异端曲学一勘尽破矣。何必如此节节分解！佛家有'扑人逐块'① 之喻，见块扑人，则得人矣，见块逐块，于块奚得哉？"在座诸友闻之，惕然皆有惺悟。此学贵反求，非知解可入也。

【老刘说】

这一节是钱德洪写的一个跋，交代一下《答陆原静书》面世后的读者反响。同时补充了一些事后阳明先生对这部分提纲挈领的阐述。

答陆原静的信公布于世后，读过的人都很喜欢，认为陆澄问得淋漓，老师答得酣畅，均是他们想听却没有听说过的内容。

阳明先生说："陆原静所问的问题，只是在枝节上转来转去，我只能见招拆招，他问一个我就答一个。如果他把良知放在首位，笃信良知，只要抓住在良知上下功夫的根本，所有的问题都会迎刃而解，所有不符合天理的异端邪说都不会影响到根本，又何必这样逐段讲解呢？"

佛家《大般若波罗蜜多经》有个"狮子扑人，韩卢逐块"的典故，是说

① 《大般若波罗蜜多经》："天王当知！邪见外道为求解脱，但欲断死不知断生，若法不生即无有灭。譬如有人块掷狮子，狮子逐人而块自息，菩萨亦尔，但断其生而死自灭；犬唯逐块不知逐人，块终不息，外道亦尔，不知断生终不离死。"

有人用石块扔向狮子，狮子如果被激怒了，就会毫不犹豫地扑向投石块的家伙，并将其撕碎；韩卢是一种狗，如果用石块扔向韩卢，韩卢只会去追逐那石块，却搞不清问题的根源在扔石块的人。

如果看到石块就去追逐石块，是没有办法从根本上解决问题的。内求于心，笃信良知，修身的问题就迎刃而解了。

有本网络小说叫《佣兵天下》，其中有一段是人龙之间的对话，大意如下。人问龙："你们龙有数千年的寿命，拥有无数财富，完全不担心温饱的事情，你们为什么还发动战争，彼此争斗呢？"龙没有正面回答，而是反问："如果从蚂蚁这个角度来说，人类也有超过它们数十倍甚至上百倍的生命长度，并且拥有的财富是蚂蚁想都不敢想的，既然这样，为什么人类社会的战争绵延不断呢？"

大家从这个角度想一想，作为一个人，究竟该追求什么呢？该怎么活得更有意义呢？该有一个什么样的人生才不枉为人一世呢？

答欧阳崇一[①]

【166】
德行上的良知

【原文】

崇一来书云："师云：'德性之良知，非由于闻见，若曰"多闻择其善者而从之，多见而识之"，则是专求之见闻之末，而已落在第二义。'窃意良知虽不由见闻而有，然学者之知，未尝不由见闻而发；滞于见闻固非，而见闻亦良知之用也。今曰'落在第二义'，恐为专以见闻为学者而言，若致其良知而求之见闻，似亦知、行合一之功矣。如何？"

【老刘说】

欧阳崇一的水平很高，洞悉能力非常强，第一次听到阳明先生讲致良知的时候，别人都是半信半疑的状态，只有欧阳崇一马上就判断出这是儒家真谛，下决心跟先生学，拜阳明先生为师，后来他根据先生的致良知基本理论重新编撰了《大学》。并在阳明先生身故之后，致力讲学弘扬其师良知之学，

① 欧阳崇一：欧阳德，字崇一，号南野，江西泰和人，阳明先生弟子，进士，历任知州、翰林院编修，官至礼部尚书兼翰林院学士。王阳明在赣州首倡"致良知"时，欧阳崇一独曰："此正学也"，其识见异于世儒。常与邹守益、聂豹、罗洪先等讲论，学者甚众，"称南野门人者半天下"。卒于嘉靖三十三年（1554），享年五十九岁，赠太子少保，谥文庄，有《欧阳南野先生文集》传世。

学者云集，门人无数，后人以为“阳明之学益以大振于时，南野先生之力也”（徐南金《欧阳南野先生文集序》）。

基于欧阳崇一在阳明心学方面的水平，他和阳明先生之间的对话，自然不会问出“狗追石块”这类问题。

欧阳崇一来信说：“先生您说‘德性上的良知不依赖于见闻，若说多闻而选择其中好的而遵从，多见而认识，则只是在见闻的细枝末节上寻求，这已经落在第二义了。’”

阳明先生说：“我认为良知虽不依赖见闻而存在，但是学者的‘知’，也是需要从见闻上提炼引发的。拘泥于见闻当然不对，但也不能完全忽略见闻的作用。您说的‘落在第二义’应该只是针对认为见闻就是学问的人说的吧。如果为致良知而在见闻上寻求，应该也算是知行合一的功夫吧？”

欧阳崇一的意思是说，要多闻多见，读万卷书不如行万里路，行万里路不如阅人无数。多闻多见的角度很重要，他个人理解应该把良知放到首位，从致良知的角度看世间人情事变，就是知行合一之功了。

关于平常说的多闻多见，要分两个方向：

第一，从看书这个角度来讲，因为书是人写的，不是天上掉下来的，每个人写书的时候都会局限于自己的经历和立场，所以我们看书的时候，既不能完全信，也不能完全不信。读书的时候，要看书中有多少是对我们的人生有意义的，这部分要注意吸收。这个吸收不是全盘接收，而是只信不仰，就是心有敬畏，但绝不盲从。

第二，从看事情的角度来讲，有两类人的行为是不可取的。比如面对某个热点或者事件，一类人是充当键盘侠，站在上帝仲裁世人的角度，站在道德制高点狙击一切，以体现自己的道德优越感。我毫不怀疑这些人在谴责别人时的义愤填膺是出自真情实感，但这并不妨碍这些人转身就去卖地沟油。“指点江山，激扬文字，粪土当年万户侯”的确很爽，但是爽过了就过去了，对自己的工作和生活，甚至人生毫无帮助。时不时爽一下，后遗症就会不停地拉低自己的心智模式。

另一类人喜欢无限深挖细节，最后会因为挖得太深，而失去了整个系统，看问题自然而然就盲人摸象了。监狱中的罪犯，如果深挖细节，你会发现每个罪犯都是有血有肉的，有很多客观理由可以强调，有很多可怜之处，比如糟糕的家庭背景、成长环境等，那么如果从这些角度选择豁免，对受害者公平吗？不能因为小是小非而忽略大是大非的问题。孔子删述六经，作《春秋》微言大义，也是从天理行于天下的角度出发的。

【原文】

良知不由见闻而有，而见闻莫非良知之用，故良知不滞于见闻，而亦不离于见闻。孔子云："吾有知乎哉？无知也。"[①] 良知之外，别无知矣。故"致良知"是学问大头脑，是圣人教人第一义。今云专求之见闻之末，则是失却头脑，而已落在第二义矣。近时同志中，盖已莫不知有"致良知"之说，然其功夫尚多鹘突[②]者，正是欠此一问。大抵学问功夫只要主意头脑是当，若主意头脑专以"致良知"为事，则凡多闻、多见，莫非"致良知"之功。盖日用之间，见闻酬酢，虽千头万绪，莫非良知之发用流行，除却见闻酬酢，亦无良知可致矣，故只是一事。若曰致其良知而求之见闻，则语意之间未免为二。此与专求之见闻之末者虽稍不同，其为未得精一之旨，则一而已。"多闻择其善者而从之，多见而识之。"既云择，又云识，其良知亦未尝不行于其间，但其用意乃专在多闻多见上去择、识，则已失却头脑矣。崇一于此等处见得当已分晓，今日之问，正为发明此学，于同志中极有益。但语意未莹，则毫厘千里，亦不容不精察之也。

【老刘说】

阳明先生说，良知是不依赖于见闻而存在的，而人的所见所闻都是良知的作用，即心的知觉功能让人有所见所闻。

孔子说："吾有知乎哉？无知也。有鄙夫问于我，空空如也。我叩其两端而竭焉。"圣人寂然不动，空空如也，有人问难，才感而遂通，所以法无定法，因人而显，触"机"而显。

---

① 语出《论语·子罕》。

② 鹘突：糊涂。

圣人只是有良知在，除了良知之外就没有其他的知了。所以致良知是做学问、成为圣人的关键，也是圣人教人的第一要义。

现在有人只说事上磨，在增加见闻的细枝末节上找寻，已经是舍本逐末了。失去了根本，就像只会努力划船，却不知道掌舵一样，没有舵的船，无论怎么用力划桨，也只是原地打转，根本无法到达目的地。

很多人修心性修得稀里糊涂的，根源就在这里，不晓得学问功夫主要在于抓住核心问题。只有时时刻刻把致良知看成最关键的功夫，把多闻多见的重点放在如何吸取让我们致良知的东西上，才是修身的根本。

心正了，其他自然就正了，心不正，其他自然就偏了。一把好菜刀，是成为厨师的好帮手，还是成为证物室的凶器，关键取决于人心，而不是刀。

入世治世中应对人情事变，虽然千头万绪，但只要从良知这个根本出发，所有的见闻和应对，都只是良知的作用和流行。这里“流行”的意思是“传递、运行”。

入世治世都是和人打交道，见闻和应对是致良知的载体，离开了载体，致良知也就无处存身了。从这个角度来说，良知和见闻实际上是一回事儿。这和惟精惟一的宗旨是相同的。

如果说为了致良知而在见闻上寻求，很容易在文字上误导没有分辨能力的初学者，让这些人把良知和见闻当成两件事。

孔子说“多闻，择其善者而从之；多见而识之”，既然说了“择”，又说了“识”，可见良知是在闻、见中起作用的。“择”是选取的意思，“识”是辨别是非的意思，“择”和“识”都是“意动”的产物，也就是良知的监察功能在闻、见中发挥了作用。但如果重心只落在多闻多见的选取和辨别是非上，就失去了致良知这个根本了。

阳明先生最后做了一个总结：“崇一你讲得非常好，我很赞同，但是语言文字方面，要更精细一些，不能失之毫厘差之千里，这点不得不慎。”

【167】
解析思索

【原文】

来书云："师云：'《系》言"何思何虑"，是言所思所虑只是天理，更无别思别虑耳，非谓无思无虑也。心之本体即是天理，有何可思虑得！学者用功，虽千思万虑，只是要复他本体，不是以私意去安排思索出来；若安排思索，便是自私用智矣。'学者之敝，大率非沈空守寂，则安排思索。德辛壬[①]之岁著前一病，近又著后一病，但思索亦是良知发用，其与私意安排者何所取别？恐认贼作子，惑而不知也。"

【老刘说】

欧阳崇一来信说，他读了阳明先生写的《启问道通书》，先生说《周易·系辞下》中的"何思何虑"，指所思虑的只是天理，此外再没有别的思虑，并不是说空空荡荡的什么都不想。心的本体即是天理，还有什么可思虑的？学者下功夫，千思万虑应该是从一个根上发出来的，这根就是天理落到心之本体上，也就是从良知发出来的。所有努力只是要恢复良知本体，若去安排思索，也就是师心自用了。

"安排思索"的"安排"在这里的意思是"施以心思人力。与纯任自然、不加干预相对而言。"陆澄修心学，求圣心切，把成圣这事儿看得太功利了，

---

① 辛壬：辛巳年（1521）与壬午年（1522）。

结果欲速而不达，这就是一种“安排思索”。

明朝刘元卿《贤奕编》有一则寓言，说的就是“安排思索”：

有盲子道涸溪桥上失坠，两手攀楯，兢兢握固，自分失手必堕深渊已。过者告曰：“毋怖，第放下即实地也。”盲子不信，握楯长号。久之力惫，失手坠地。乃自哂曰：“嘻！蚤知即实地，何久自苦耶?”（译文：有盲人经过一条干涸的小溪在桥上失足坠落，两手攀住桥栏杆，战战兢兢抓紧，自认为一旦失手必定堕入深渊。经过的人告诉他：“不要怕，尽管放手下来，下面是实地。”盲人不信，抓着栏杆不停地哭号，时间久了，盲人筋疲力尽，失手掉到地面上。便自嘲道：“嘿！早知道是实地，何必这么久苦自己呢?”）

现在的学者有两个弊病，要么“沈空守寂”，要么“安排思索”。

“沈空守寂”是佛家用语，和“沈空滞寂”意思相同，此病属南宋禅宗高僧宗杲禅师所批判的“默病”中最典型的一种，又称为“枯木禅”。《六祖坛经》中提到的大通禅师，犯的就是此病。该禅病的特征是，沉溺于空心静坐，闭目塞听，一切不管，以不见一法、不知一法的虚无之境为究竟。禅宗是最贴近我们文化的佛家宗派，是中国化后的佛教，其他的宗派相对要远一些。

欧阳崇一信最后说，这两个弊病，他也经历过，在辛巳到壬午期间犯有前一种毛病，最近又犯有后一种毛病。

思索只要是从良知发用的，应该就算是符合天理的，那么和“安排思索”有什么区别呢？他担心自己认贼作子，被迷惑了还不知道，特意请教一下阳明先生。

【原文】

“思曰睿，睿作圣”①。“心之官则思，思则得之”②。思其可少乎？沈空守寂与安排思索，正是自私用智，其为丧失良知一也。良知是天理之昭明灵觉处，故良知即是天理，思是良知之发用。若是良知发用

① 《尚书・周书・洪范》：“貌曰恭，言曰从，视曰明，听曰聪，思曰睿。恭作肃，从作乂，明作哲，聪作谋，睿作圣。”

② 《孟子・告子上》：“耳目之官不思，而蔽于物。物交物，则引之而已矣。心之官则思，思则得之，不思则不得也。”

之思，则所思莫非天理矣。良知发用之思，自然明白简易。良知亦自能知得。若是私意安排之思，自是纷纭劳扰。良知亦自会分别得。盖思之是非邪正，良知无有不自知者。所以认贼作子，正为致知之学不明，不知在良知上体认之耳。

【老刘说】

“思曰睿，睿作圣”出自《尚书·周书·洪范》，按照伊川先生的解释“思虑久后，睿自然生”，“思曰睿”是说人要勤于思考、善于思考，久了，明睿自然就出来了，人是以思而灵，但不要忘记，人也以思而妄，所以一定要善于思考，不要胡思乱想，要勤于思考，而且方法要好、要对；“睿作圣”，“作”的本意是卜人用刀刮削、刻龟甲，引申为创造、创作的意思，也就是明睿久了，就自然而然成为圣人了。

“思”的重点是要心有敬畏，不要抱定一个“我以为”，而是要去查证一下这个“我以为”对不对。同时一定要随时去观察，随时去思考，随时去验证，而不要只是停留在思考上。

“心之官则思，思则得之”出自《孟子·告子上》，意思是心有思考的功能，思考就会有所得到。

程颐说：“致思如掘井。”意思是说我们致力于思考的时候，就好像在挖井一样。刚开始的时候，水很混浊，随着工作时间的延伸，挖得越来越深了，慢慢，清水就引出来了。开始思考的时候，脑子一定会很混乱，但是，思考久了，自然而然就明晰了。

阳明先生说，思考是不能没有的。“沈空守寂”与“安排思索”都是“自私用智”的结果，也就是基于私欲的师心自用。这两点在丧失良知之用方面的效果是相同的。

良知是天理落在心之本体上的昭明灵觉，因此，良知就是天理，“思”就是良知的作用。

如果“思”是从良知上生发出来的，也不过是天理，必然是明白简易的；如果是私意安排的“思”，自然是纷纭劳扰。良知也是能够分辨出来的。

究竟“思”是出自良知，还是出自私欲，自己都是知道的。会出现认贼作子的事情，根本原因是对致良知不真的明白，更不知道从良知上体认。

阳明心学的核心要素之一就是“致良知”，将合于道的“良知”通过人践行，从心的一涌动到落实出来，就是践行，也是一个“致”的过程，“致”的本意是“送，到”，既要“送”，也要“到”，才算是“致”。“良知”人人具有，但能时时保证“良知”被“送到”才是“致良知”的功夫。

【168】
当生则生，当死则死

【原文】

来书又云："师云：'为学终身只是一事，不论有事无事，只是这一件。若说宁不了事，不可不加培养，却是分为两事也。'窃意觉精力衰弱，不足以终事者，良知也；宁不了事，且加休养，致知也。如何却为两事？若事变之来，有事势不容不了，而精力虽衰，稍鼓舞亦能支持，则持志以帅气[①]可矣。然言动终无气力，毕事则困惫已甚，不几于暴其气已乎？此其轻重缓急，良知固未尝不知，然或迫于事势，安能顾精力？或因于精力，安能顾事势？如之何则可？"

【老刘说】

"为学终身只是一事"，出自阳明先生写给周道通的信中。欧阳崇一给阳明先生的这封信中，问了一个比较尖锐的问题：事情有轻重缓急，良知是知道的，但是有些时候由于形势所迫，没有办法兼顾精力和做事的平衡，这个时候怎么办？

欧阳崇一在信中说，按照阳明先生的教导，如果实在精力匮乏，不能将事情处理完，就应该依照良知的判断，先去休息一下，不要疲于奔命。想尽快尽美地把事情做好，看似是对的。但因为拼得太厉害，身体吃不消了，一下子病倒了，事情也只会半途而废。这也是违理而行，误将贪功冒进当作了

① 《孟子·公孙丑上》："夫志，气之帅也；气，体之充也。夫志至焉，气次焉；故曰：'持其志，无暴其气。'"

致良知。

如果事情刻不容缓，就算筋疲力尽，也只能强打精神，让意志引领气力，鼓舞自己支撑下去，也能把事情处理完。虽然这个过程会有气无力，处理完事情更加疲惫不堪。这其间的轻重缓急，良知固然不会不知道。然而人在江湖身不由己，事到临头，又怎能兼顾好呢？

【原文】

"宁不了事，不可不加培养"之意，且与初学如此说，亦不为无益，但作两事看了，便有病痛在。孟子言必有事焉，则君子之学终身只是"集义"一事。义者，宜也，心得其宜之谓义。能致良知则心得其宜矣，故"集义"亦只是致良知。君子之酬酢万变，当行则行，当止则止，当生则生，当死则死，斟酌调停，无非是致其良知，以求自慊而已。故"君子素其位而行"[①]"思不出其位"[②]，凡谋其力之所不及，而强其知之所不能者，皆不得为致良知；而凡"劳其筋骨，饿其体肤，空乏其身，行拂乱其所为，动心忍性以增益其所不能"[③]者，皆所以致其良知也。若云宁不了事，不可不加培养者，亦是先有功利之心，较计成败利钝而爱憎取舍于其间。是以将了事自作一事，而培养又别作一事，此便有是内、非外之意，便是自私用智，便是"义外"，便有"不得于心勿求于气"[④]之病，便不是致良知以求自慊之功矣。所云"鼓舞支持，毕事则困惫已甚"，又云"迫于事势，困于精力"，皆是把作两事做了，所以有此。凡学问之功，一则诚，二则伪，凡此皆是致良知之意欠诚一真切之故。《大学》言："诚其意者，如恶恶臭，如好好色，此之谓自慊。"曾见有恶恶臭，好好色，

① 《中庸》："君子素其位而行，不愿乎其外。"

② 《论语·宪问》："子曰：'不在其位，不谋其政。'曾子曰：'君子思不出其位。'"

③ 语出《孟子·告子下》。

④ 《孟子·公孙丑上》："不得于言，勿求于心；不得于心，勿求于气。"这是告子的观点，意为语言所把握不了的对象，不要在心上探求；心所感受不到的事物，不要在形气上探求。孟子赞同"不得于心，勿求于气"，但反对"不得于言，勿求于心"。

而须鼓舞支持者乎？曾见毕事则困惫已甚者乎？曾有迫于事势，困于精力者乎？此可以知其受病之所从来矣。

【老刘说】

阳明先生的回答中，有几个引文，先说一下：

“君子素其位而行”，语出《中庸》，原文如下：“君子素其位而行，不愿乎其外。素富贵，行乎富贵；素贫贱，行乎贫贱；素夷狄，行乎夷狄；素患难，行乎患难。君子无入而不自得焉。在上位，不陵下；在下位，不援上。正己而不求于人，则无怨。上不怨天，下不尤人。故君子居易以俟命，小人行险以侥幸。”“素其位”，立足现在所处的境遇。素，平素，现在的意思，这里作动词用。“陵”，欺侮；“援”，攀援，本指抓着东西往上爬，引申为投靠有势力的人往上爬；“尤”，抱怨。“居易”，居于平安的地位，也就是安居现状的意思；易，平安。“俟命”，等待天命。（译文：君子立足现在所处的境遇去做应做的事，不生非分之想。处于富贵的地位，就做富贵人应做的事；处于贫贱的状况，就做贫贱人应做的事；处于边远地区，就做在边远地区应做的事；处于患难之中，就做在患难之中应做的事。君子无论处于什么情况下都是安然自得的。处于上位，不欺侮在下位的人；处于下位，不巴结在上位的人。端正自己而不苛求别人，这样就不会有什么抱怨了。上不抱怨天，下不抱怨人。所以，君子安居现状来等待天命，小人却铤而走险妄图获得非分的东西。）

“思不出其位”源自《论语·宪问》：“曾子曰：‘君子思不出其位。’”核心意思是考虑事情不超过自己的职责或能力范畴，不把精力浪费在自己其实并不了解，也无法施加影响的事情上。知道什么是自己该做的，也知道什么是自己不该做的，脚踏实地，实事求是。

“劳其筋骨，饿其体肤”句，语出《孟子·告子下》。“故天将降大任于是人也，必先苦其心志，劳其筋骨，饿其体肤，空乏其身，行拂乱其所为，所以动心忍性，曾益其所不能。”（译文：所以上天要把重任降临在某人的身上，一定先要使他心意苦恼，筋骨劳累，使他忍饥挨饿，身体空虚乏力，使他的每一行动都不如意，这样来磨砺他的心志，使他性情坚忍，增加他所不具备的能力。）

阳明先生说："宁可不去做事，也要培养本源。"这句话对初学者来说是有意义的。但是，对于有一定进境的人来说，把处理事情和培养本源当作两件事看，就是问题的所在了。孟子说的"必有事焉"就是说君子之学终身只有"集义"这一件事情。义，就是宜，就是妥当。心妥当就是义（宜）。致良知就是心能得其义（宜）。所以，集义就是致良知。核心就是"君子素其位而行""思不出其位"。

处理事情和培养本源本来就是一件事，孟子说"必有事焉"，只要人活着就不可能停下来的，人生入世治世无非就是应对人情事变。只有做事情觉得良心能安，才算是达到了义。致良知先要有个自知，要量力而行，譬如挑担子，你要知道自己有多大力气，能干多少活儿。能挑一百斤的担子，偏偏逞能挑二百斤的担子，不但完成不了工作，还把自己压吐血了。致良知不是缺心眼，这是两回事儿，明明知道自己不行还偏要上，这不是致良知了，是没脑子。

电影《泰坦尼克号》中，船要沉了，谁先上救生艇呢？优先的是妇女和孩子。如果是按体力抢的话，男人肯定比妇孺更有机会上救生艇，但如果这么做了，这辈子还能心安吗？

在生死和良知面前做一选择的话，但凡一个真正意义上的人，都会选择良知。"明知其不可为而为之"正是人类光明一面的彰显，南宋文天祥就义大都、张世杰成仁平章山、陆秀夫殉国崖山，明末史可法战死扬州、刘宗周殒身杭州，这几人无一不是人中龙凤，心里比谁都清楚大厦将倾独木难支的道理，他们明知必死，依旧慷慨赴死。

孔曰成仁，孟曰取义，取义成仁不是拼血气之勇，而是热爱生命，不到最后关头不轻言战斗，需要挺身而出的时候，会依照良知的判断，找到一个最佳的路径，勇气和智慧的双重化身才是致良知。

阳明先生多次向朝廷请求告病还乡，省亲致仕。阳明先生请求归退的原因主要有两个：一是身体不适，痰嗽之症一直困扰先生的后半生；二是想尽孝。先生是祖母带大的，与祖母感情很深，他常年在外做官，无法在祖母膝下尽孝，从这个角度来说，先生是非常重视健康和家庭生活的。朝廷没有允许他的奏请，否则，阳明先生也就不用一而再再而三地上奏折了。

有反诘者说："既然你说'当生则生，当止则止，当生则生，当死则死'，那么现在国家需要你效力的时候，你却要辞职，这不是表里不一吗?”

从具体情况来分析，阳明先生请求告病的时候，都是在局面较平和的时候。用先生自己的话说，最艰难的时候已经过去了，换别人顶替自己的位置，也是完全可以应付得来的。自己留下来，并无太多补益，离开对国家也没有什么损失，这个时候这样的选择也是“义（宜)”事。

相反，在平定宁王之乱这件事上，阳明先生忠实践行了自己的“当生则生，当死则死”。当时，他只是路过叛乱发生之地，事发之地不属于他的管辖范围，且宁王之乱刚起之时声势浩大，阳明先生手中并没有正规军队。如果只是从自身的利害关系着想，阳明先生完全可以不管这件事，反正出了事情朝廷追究责任百分之百是追究不到他头上的，而组织平叛对当时两手空空的阳明先生而言难度太大，失败后很可能会丢掉性命。但是，阳明先生认为，只有“虽千万人，吾往矣”地积极面对，才是良知的选择，此事便是“当生则生，当死则死”最好的注解。符合内心良知的事情，无论刀山火海，必取义成仁，这才是真正的浩然正气充盈于天地之间。

阳明先生接着说：“凡是谋求力所不及的事和明知超出自己心智范畴的事情，都不能算是致良知的事情；凡是在力所能及，心智范畴内的磨炼都可以算是致良知的事情。宁可不去处理事情也要培养本源，就是有计较成败得失的功利心作祟了，进而就有了爱憎取舍。把处理事情和培养本源当成了两件事，这是师心自用，而不是致良知以求问心无愧的功夫。

“你所说的自我激励，强打精神坚持下去，处理完事情后就会疲惫不堪，又说被事势所逼，被精力所限，都是把处理事情和培养本源当成两件事看了。

“大凡做学问的功夫，首先是做到不自欺，你所谈及的情况，根本原因是‘诚’字做得不够真切。《大学》中说：‘诚其意者：毋自欺也。如恶恶臭，如好好色，此之谓自慊。’你曾经见过厌恶恶臭、喜好美色，还要自我激励、强打精神才能坚持下去的人吗? 从这个角度自己体会一下，就能找到病根了。”

关于“知行合一”，首先是自知，客观评价自己的能力水平到什么程度，什么事情能扛得起，什么事情扛不起。做自己能力范围之内的事情才算是致良知。非要做一些自己能力范围之外的事情，就不是致良知了。

人做事情的时候，只要是发自内心的，不是功利之心牵引的，都不觉得累。比如打麻将这件事，自己愿意玩，打三天三宿依然兴趣盎然，不觉得累；相反，如果有人给钱雇你打麻将，别说打三天，一天一宿熬下来就会腰酸背痛、哭爹喊娘。自己愿意干和为了挣钱而干这是两回事儿。

只要有了功利心，就会去计较成败利钝，然后就有了爱憎取舍。比如打麻将这件事，别人一千块钱一天雇你去打麻将的时候，你马上就开始计较里边的付出和利益，心里自然而然就会有厌恶出来，就像被老师逼着写作业一样，自然是很累的事情。

拿人钱财替人做事，自己逼着自己打起精神干，还要坚持，最后肯定会是疲惫不堪的状态。

把人生当成一次用户体验，懂得工作和生活只是人生的载体，不是人生的本身。用认真“品味”的心态面对人生，而不是用“熬”的心态面对人生，你的人生必然会告别疲惫不堪的阴云，阳光明媚。

【169】
如何面对人情机诈

【原文】

来书又有云："人情机诈百出，御之以不疑，往往为所欺；觉则自入于逆亿[1]。夫逆诈，即诈也，亿不信，即非信也。为人欺，又非觉也。不逆、不亿而常先觉，其惟良知莹彻乎？然而出入毫忽之间，背觉合诈者多矣。"

【老刘说】

欧阳崇一来信说："人这个物种实在是心眼儿太多了，如果选择先入为主地相信别人，命运任由他人主宰，被骗再正常不过了。如果选择先入为主地不相信别人，处处防着别人，别人又如何相信你呢？结果甚至会更悲催。相信也不是，不相信也不是，我们该怎么办呢？"

这一段的"亿"字，通"臆"，是"臆测，预料"的意思。逆诈，事先怀疑别人欺诈；亿（臆）不信，先入为主地猜测别人不诚信。

能够不先入为主地怀疑别人欺诈，不无故臆想别人不诚信，而又能做到先知先觉，只有良知能做得到。这才是入世的真智慧。而良知的先知先觉和先入为主的怀疑之间，差别是非常细微的，该如何把握呢？

【原文】

不逆、不亿而常先觉，此孔子因当时人专以逆诈、亿不信为心，

---

① 《论语·宪问》："子曰：'不逆诈，不亿不信，抑亦先觉者，是贤乎！'"逆诈，事先怀疑别人欺诈；亿不信，猜测别人不诚信。

而自陷于诈与不信，又有不逆、不亿者，然不知致良知之功，而往往又为人所欺诈，故有是言，非教人以是存心，而专欲先觉人之诈与不信也。以是存心，即是后世猜忌险薄者之事；而只此一念，已不可与入尧、舜之道矣。不逆、不亿而为人所欺者，尚亦不失为善，但不如能致其良知，而自然先觉者之尤为贤耳。崇一谓"其惟良知莹彻"者，盖已得其旨矣。然亦颖悟所及，恐未实际也。

【老刘说】

阳明先生说，"不逆、不亿而常先觉"是孔子针对他所处的时代而说的。当时正是春秋末年，群雄争霸，生逢乱世，坑蒙拐骗的人自然不少。诚信而不懂致良知功夫的人，经常被欺骗。人和人之间的关系是你防着我，我防着你，防来防去，结果是更多人陷于欺诈和不诚信。最后，整个社会矛盾越来越大，戾气越来越重。孔子这么说，本意并不是教人恶意揣度别人，一味地去发现别人的欺诈和不诚信。

如果处处都先入为主地提防别人，心里先存这个念头，社会就不能进入尧舜之道。不逆诈、不臆不信，被人欺骗，还算是善，但只有懂得致良知的妙用，做到先知先觉，才是根本的应对办法。"你能说到此节，说明你已经领悟到了孔子的宗旨。但要注意，仅仅懂得是不够的，还要能落实到具体的入世治世实践中去。"

儒家的入世治世是两条腿走路的，一条是不自欺的本真，另一条是智慧，缺一不可。现在大家看到的儒家样貌，实际是明亡之后被阉割过的儒学，并非真正的儒学原貌。

儒者风采是"上马击狂胡、下马草军书"。孔子教授的六艺中，除了诗书礼乐之外，还有射和御，射就是射箭，御是驾驭战车，孔子也明确表达了对自己射御技术的高度自信。如果不是真的武功了得，他也不会这样说。

儒家提倡中正平和、浩然正气，讲大同世界。孟子更是提出"民为贵，社稷次之，君为轻"的思想。"君之视臣如土芥，则臣视君如寇雠。""桀纣之失天下也，失其民也。失其民者，失其心也。""乐民之乐者，民亦乐其乐；忧民之忧者，民亦忧其忧。乐以天下，忧以天下，然而不王者，未之有也。"

“君要臣死，臣不得不死。父要子亡，子不得不亡。”这话一直被人说成是儒学教义，实际上儒家根本没人说过这样的话。

《左传》说：“故君为社稷死，则死之；为社稷亡，则亡之。若为己死，而为己亡，非其私暱，谁敢任之?”意思是如果国君为了国家去死，死得其所，我们就应该与之共同赴难。如果是为自己的私利而死，死的就不得其所。那么大臣们又不是他的奴才，谁该去死呢？这就是儒家对于君臣生死问题的态度。大臣不是君主私人的奴才，凭什么说“君要臣死，臣不得不死”呢？

《孔子家语·六本》有个“小棰则受，大杖则走”的典故。曾参因为种瓜之事被父亲用大棍子打得不省人事，醒来后还装作很高兴的样子。孔子听说后，非常气愤，甚至不认他这个弟子。孔子认为轻打就忍受，重打就逃跑。否则在暴怒之下被打死，就是陷父于大不义，是更大的不孝。“父要子亡，子不得不亡”这话若说是孔子的主张，简直是对孔子的羞辱。

康熙自称：“道统在是，治统亦在是。”他还自封是圣人在世：“朕惟天生圣贤，作君作师，万世道统之传，即万世治统之所系也。”。从此，传统儒家在君权之上的道统被颠覆，儒学经义被阉割。

对于信任这个事情，儒家的态度是既不要先入为主地恶意揣度别人，也不做缺心眼儿的人，被别人欺骗我们要心里有数。

阳明先生在江西剿匪的时候，当地土匪发现根本不是先生的对手。经过数次惨痛教训之后，他们痛定思痛，穷极思变，从侧面了解到阳明先生是一个读书人，不是行伍出身的大老粗，想当然地认为阳明先生是个东郭先生类型的人，然后想出了一个主意——诈降。

算盘打得挺好，问题是东郭先生和阳明先生根本不是一个档次的。

对于土匪们的请降要求，阳明先生爽快地答应了。正当土匪觉得书生就是好骗的时候，先生一边好言安抚这些归降的土匪，一边开始摸底工作，把经常作恶的人全部拉出去杀了。杀的效果有两个，一是杀鸡儆猴，让一些假投降的人变成了真投降；二是带头闹事的人被杀掉之后，剩下的是一盘散沙，不足为惧。

这件事情受到很多人的诟病，有人说阳明先生这么干是使诈。但就阳明先生本身来说，识破土匪的诈降并不是先生先入为主地恶意揣度这些人，而是先生的良知能常觉、常照，自然就能做到先知先觉。

【原文】

盖良知之在人心，亘万古、塞宇宙而无不同，不虑而知，恒易以知险，不学而能①，恒简以知阻②，先天而天不违，天且不违，而况于人乎？况于鬼神乎？③

夫谓背觉合诈者，是虽不逆人而或未能无自欺也，虽不亿人而或未能果自信也，是或常有求先觉之心，而未能常自觉也。常有求先觉之心，即已流于逆、亿而足以自蔽其良知矣，此背觉合诈之所以未免也。君子学以为己④，未尝虞人之欺己也，恒不自欺其良知而已；未尝虞人之不信己也，恒自信其良知而已；未尝求先觉人之诈与不信也，恒务自觉其良知而已。是故不欺则良知无所伪而诚，诚则明矣；自信则良知无所惑而明，明则诚矣。明、诚相生，是故良知常觉常照；常觉常照则如明镜之悬，而物之来者自不能遁其妍媸矣。何者？不欺而诚，则无所容其欺，苟有欺焉而觉矣；自信而明，则无所容其不信，苟不信焉而觉矣。是谓易以知险，简以知阻，子思所谓“至诚如神，可以前知”⑤ 者也。然子思谓“如神”，谓“可以前知”，犹二而言之。是盖推言思诚者之功效，是犹为不能先觉者说也。若就至诚而言，则至诚之妙用，即谓之“神”，不必言“如神”，至诚则“无知而无不知”，不必言“可以前知”矣。

【老刘说】

在上篇中，我们讲过至道、天道、人道之间的关系，“良知”就是天

① 《孟子·尽心上》：“人之所不学而能者，其良能也；所不虑而知者，其良知也。”

② 《周易·系辞下》：“夫乾，天下之至健也，德行恒易以知险；夫坤，天下之至顺也，德行恒简以知阻。”

③ 《周易·文言·乾》：“先天而天弗违，后天而奉天时。天且弗违，而况于人乎！况于鬼神乎！”意为与天地万物为一体的人，能够通晓天地万物的道理，先于天道而天道的运行不会与其相违背，后于天道也能够尊奉天道运作的规律，天道都不会与这类人的德行相违背，何况鬼神和人呢？

④ 《论语·宪问》：“古之学者为己，今之学者为人。”

⑤ 《中庸》：“至诚之道，可以前知。”即人的行为与认知如果能够符合最为诚挚的大道，便能够预见未来。

地自然给人类的秩序规则，只要人类存在，这个秩序规则就在。如果“道”是高速公路，“良知”就是叫“人”这类车该遵守的交通规则。驾驶员如果对交通规则非常通透，自然就很清楚别的车是否有犯规行为。

古人所说的“不虑而知”“恒易以知险”“不学而能”“恒简以知阻”“先天而天弗违，后天而奉天时。天且弗违，而况于人乎！况于鬼神乎！”都是这个意思。

“欺”这个事情，有两角度，一个是“欺人”；另一个是“自欺”。“你所说的背觉合诈的情况，是‘自欺’了，虽然做到了不先入为主，但没做到对自己足够不自欺。寻求先知先觉，却已陷入了先入为主的逆诈和臆不信，是因为‘诚’不够切，而蒙蔽了自己的良知。这就是背觉合诈不能从根本上避免的原因。”

君子求学问修心性是向内求的，是为了自己，不是为了防备别人欺骗自己，从这个角度，不自欺才是应该永远坚守的根本。

完全合道不自欺的“诚”就是光明所在，有此光明在，“诚”和光明互相促进，良知就能常觉、常照。常觉、常照就像走夜路时用的手电筒，只要手电筒足够亮，路就能被看得清清楚楚，明明白白。

“恒易以知险”“恒简以知阻”说的就是这个意思。《中庸》中的“至诚如神”中的“如神”，是从思诚的功效上来说的，是说给没达到这个境界的人听的，已经达到这个境界的人，已经知道是“神”的功效，就没必要在前面加个“如”字了。

任何的先入为主，不仅仅指恶意，即便是善意，也会偏离致良知的轨迹，会影响到我们的先知先觉和循理而行。

关于致良知到足够高的程度就可以先知先觉，举个例子。

有一些在银行一线工作的老员工，假钞从手里一过，就知道是假的，不需要用仪器的。你让他说出个具体根据，他也许说不出来，但是他就是觉得不对劲。究其原因是这些人天天摸真钞，每天无数的真钞从手上过，都是同样的感觉，突然有个感觉不一样，马上就知道了。

我们天天致良知，良知成了自己的一部分，熟悉得不能再熟悉了，我们自然而然就知道，心有诚意时做事情的真正状态是什么，别人一旦不是这种状态，我们可能没什么具体证据，但会感觉到不一样。这个时候，就要提高警惕，心有戒备了，圣人的未卜先知也就是基于此。

用人是一件量体裁衣、物尽其用的事情，明知道这人很好色，就不要安排他和女员工一起工作；明知道这人很贪财，就不要让他接触财物。这样做本身就是智慧的彰显。

答罗整庵[①]少宰书

【170－1】
会挖坟不是真学问

【原文】

某顿首启：昨承教及《大学》，发舟匆匆，未能奉答。晓来江行稍暇，复取手教而读之。恐至赣后人事复纷沓，先具其略以请。

【老刘说】

这封信是回给罗整庵的，罗整庵为著名哲学家，明代“气学”代表人物，进士，官至少宰。他在学术上是有一定水准的，是朱熹的拥趸。写这封回信的时候，阳明先生已经四十九岁了，在江西平乱结束往回走的时候，他收到了罗整庵的信。

阳明先生在信的开头，以“某顿首启”，表示尊重。“昨天收到您的来信，但行色匆匆，也没有办法当时给您写回书，现在把您的信拿出来重新又看了看，觉得说得非常好，于是马上就给您回信，免得到赣州之后事务太多，很难静下心来写回信。”

---

① 罗整庵：罗钦顺，字允升，号整庵。明代江西泰和人。进士，官至南京吏部尚书、少宰。学术上主张理得于天而具于心，理气本为一物，著有《困知记》。阳明先生的这封回信写于正德十五年（1520），时年阳明四十九岁，已平江西之乱，捉获朱宸濠，六月经泰和，罗钦顺来信，罗的信见于《罗整庵集》。参见《明儒学案》卷四十七。

【原文】

来教云："见道固难，而体道尤难。道诚未易明，而学诚不可不讲，恐未可安于所见而遂以为极则也。"

【老刘说】

"您在来信中说，见道的确很困难，而要体认到道就更困难了。语言和文字承载信息的能力实在有限，'道'的确不容易说明白，学问是不能不讲的，但不能想当然地认为自己的见识已经到达知道最高准则的水平。"

【原文】

幸甚幸甚！何以得闻斯言乎！其敢自以为极则而安之乎？正思就天下之有道以讲明之耳，而数年以来，闻其说而非笑之者有矣，诟訾[①]之者有矣，置之不足较量辨议之者有矣，其肯遂以教我乎？其肯遂以教我，而反复晓喻，恻然惟恐不及救正之乎？然则天下之爱我者，固莫有如执事之心深且至矣。感激当何如哉！夫"德之不修，学之不讲"[②]，孔子以为忧，而世之学者稍能传习训诂，即皆自以为知学，不复有所谓讲学之求，可悲矣！夫道必体而后见，非已见道而后加体道之功也，道必学而后明，非外讲学而复有所谓明道之事也。然世之讲学者有二，有讲之以身心者，有讲之以口耳者。讲之以口耳，揣摸测度，求之影响者也；讲之以身心，行著习察，实有诸己者也。知此，则知孔门之学矣。

【老刘说】

罗整庵是朱熹的忠实追随者，听到有人指摘朱熹的不是，当然心里很不爽，这封来信给人的第一感觉就是兴师问罪。阳明先生的回信是很有技巧的，

---

① 诟訾（gòu zǐ）：辱骂，说人坏话。

② 《论语·述而》："子曰：'德之不修，学之不讲，闻义不能徙，不善不能改，是吾忧也。'"

先把高帽给他戴上，而不是上来就直接反驳。

一般人迂腐的做法是，既然你站在朱熹的角度兴师问罪，那么我就站在我的角度，把你批驳得一无是处，让你铩羽而归。这个做法显然是杀人一千自损八百，不是什么明智之举。

具体处理入世治世的人情事变，还是要尽量不战而屈人之兵的，是非对错并不重要，重要的是能解决具体问题。既要把事情办好，同时又不会激化矛盾，才叫本事。

阳明先生回信说："罗先生您能这样直截了当讲这番话，我感觉非常荣幸！我又何德何能敢把自己的所见所闻当作最高准则来讲学呢？

"这么多年以来，听到我学说的人，有辱骂的、有讥笑的、有置之不理的、有不屑一顾的。真正有些水平的人又有几个肯指导我呢？更没有谁真心想帮助和指点我。所以，您这样对我深切呵护，我非常非常感激！"

孔子四忧"德之不修，学之不讲，闻义不能徙，不善不能改"。德之不修："德必修而后成"；学之不讲："学必讲而后明"；闻义不能徙："徙"是跟着做的意思，这句和"见贤思齐"刚好意思相反；不善不能改：明知不善却不能及时改掉。

现在世上很多学者，读过几本书，稍微懂一点儿训诂考据，就把知道茴香豆的"茴"有四种写法，当成学问，沾沾自喜，止步不前，不再继续深入圣学。殊不知这些只是皮毛而已，距离大道还远着呢。这样的人实在是可悲呀！

世上没有可以先看见而后加以体验的"道"，体验不到的"道"，只是"道"的浮光掠影，不是"道"的实体。"道"要具体践行才有意义，只是纸上谈兵是毫无意义的，纸上谈兵是不能真的搞懂"道"究竟是什么的。真正的学问是对人入世治世有实际帮助的，是能经得起时间检验的，是真正有意义的。"道"必须要"学"才能真正搞懂，这里的"学"字本身已经包含了"学会"的意思，比如"学车"，能拿到驾照把车开上路，才算"学开车"，光把驾驶手册背得滚瓜烂熟是算不上"学车"的。"学"是搞懂"道"的唯一有效途径。

世上讲学的人有两种，一种是用身心来讲学的，另一种是用口耳来讲学的。用口耳讲学的人特点是纸上谈兵、道听途说、揣测估摸，得到一些捕风捉影、似是而非的东西，就以为得“道”了，根本就没有过心，更没有实际践行，只是人云亦云而已。学问之道，吾之良药彼之砒霜，不验证直接照搬照抄的搞法，真的会害死人的。懂得一堆大道理，人生过得一塌糊涂的人，多是拜这类人所赐。

用身心来讲学的人，笃信“纸上得来终觉浅，绝知此事要躬行”，体验真正的“道”，是通过自己的身体力行，讲的都是用自己的切身体验而得到的东西。

真正的圣学是身心之学，必须拿出自己的全部身心，做到天人合一，在万物一体中有一个毫无私欲遮蔽的交流，洞悉世界真相，做到心中所思所想皆是天理，才能做到真正的知行合一。

如果说博览经典，学富五车，就是得道的话，那么只需要给电脑配置个足够大的硬盘，电脑就都是圣人了，岂不是很荒谬？

知道了这些，也就懂得孔门之学了。

【170－2】
原本《大学》之辩

【原文】

来教谓某"《大学》古本之复，以人之为学，但当求之于内，而程、朱'格物'之说不免求之于外，遂去朱子之分章，而削其所补之传。"

【老刘说】

"在您的来信中，您认为我恢复使用《大学》旧本，是认为做学问功夫只应向内求，而程、朱格物之学未免向外求，所以否定朱熹重分章节的做法，削去了他所增补的传注。"

罗整庵想表达的意思是："《大学》旧本孔门都在用，这没错。但是后来朱子觉着里边的东西有丢失，做了一些修补，而你直接推翻这些，拿《大学》旧本来用，你这么做，我认为你是有私心的。原因在于，朱子改了之后重分章节的《大学》，其中关于格物的部分与你的学说有不相符的，所以你就不采用。"

这段是阳明先生对自己恢复《大学》旧本的辩解，关于《大学》旧本和新本的辨析在上篇中已经说得很清楚了，比如"亲民和新民之辩"一节。

罗整庵这封信，有自己先入为主的成见在里面，有点儿吹毛求疵的意思。

【原文】

非敢然也。学岂有内外乎？《大学》古本乃孔门相传旧本耳。朱子疑其有所脱误而改正补缉之，在某则谓其本无脱误，悉从其旧而已矣。失在于过信孔子则有之，非故去朱子之分章而削其传也。夫学贵得之心，求之于心而非也，虽其言之出于孔子，不敢以为是也，而况其未及孔子者乎？求之于心而是也，虽其言之出于庸常，不敢以为非也，而况其出于孔子者乎？

【老刘说】

阳明先生说："我何德何能，怎么敢自以为是呢？圣学的功夫怎么会有什么内外之分呢？《大学》的旧本是孔子写的，朱熹先生怀疑它有遗漏而加以改正补充。我觉得《大学》旧本并没有什么遗漏，完全可以自圆其说，并无瑕疵，所以就全部依从旧本了。

"如果说我有过错，过错就在于太相信孔圣人了。并不是我存心和朱熹先生过不去，非要去否定他。"

圣学的根本在于心，孔子讲的是心，孟子讲的是心，朱熹讲的也是心，再往前推，十六字心法"人心惟危，道心惟微；惟精惟一，允执厥中"讲的也是心。书本或者老师说得对不对，只要拿心来印证就可以了。能通过检验的，就是对的；不能通过检验的，就是不对的。

至于是谁说的，并不重要，就算这些话出自平常人之口，也是要予以认可的，更何况这些话是孔圣人说的呢？

【原文】

且旧本之传数千载矣，今读其文词，即明白而可通，论其工夫，又易简而可入；亦何所按据而断其此段之必在于彼，彼段之必在于此，与此之如何而缺，彼之如何而补？而遂改正补缉之，无乃重于背朱而轻于叛孔已乎？

【老刘说】

"再者说，《大学》旧本已流传了几千年，其中的阐述，清晰通达，其中对心性功夫的论述简易明了。朱熹先生又有什么确定的根据来肯定这段必须在那里，而那段必须在这里呢？又凭什么说有遗漏呢？

“如果把谁说的看得比具体内容更重要，岂不是把背弃朱熹看得比背弃孔子还重了吗？

“这是为了赞同而赞同，为了反对而反对，已经偏离了圣学真正的初心。”

【170－3】
性心意知物的关系

【原文】

来教谓："如必以学不资于外求，但当反观、内省以为务，则'正心诚意'四字亦何不尽之有，何必于入门之际，便困以'格物'一段工夫也？"

【老刘说】

"您来信说：'修心这件事情不用外求的，只要内求就可以了。'如果这样的话，只要'正心''诚意'四个字就足够透彻了，又何必在学问入门处用'格物'这一功夫来困扰学习者呢？"

【原文】

诚然诚然！若语其要，则"修身"二字亦足矣，何必又言"正心"？"正心"二字亦足矣，何必又言"诚意"？"诚意"二字亦足矣，何必又言"致知"，又言"格物"？惟其工夫之详密，而要之只是一事，此所以为"精一"之学，此正不可不思者也。夫理无内外，性无内外，故学无内外。讲习、讨论，未尝非内也；反观、内省，未尝遗外也。夫谓学必资于外求，是以己性为有外也，是"义外"也，用智者也；谓反观、内省为求之于内，是以己性为有内也，是有我也，自私者也，是皆不知性之无内外也。故曰"精义入神，以致用也；利用安身，以崇德也。”[①] “性之德也，合内外之道也。”[②] 此可以知“格物”之学矣。

【老刘说】

“您说得太对了，那我们按照您的逻辑推导一下。

“如果只说学问要旨的话，‘修身’两个字就足够了，就没必要再讲‘正心’，‘正心’前面的‘诚意’也就没必要讲了，‘诚意’都不讲了，还有什么必要讲‘致知’呢？更何况‘致知’前面的‘格物’呢？”

但实际上，学问的功夫是要能具体落地的，要可操作的，不能只是个空中楼阁。空谈向来不是儒家所提倡的。饭要一口口吃，路要一步步走，修身做功夫也是同样的道理，怎么抬腿，怎么跨步，怎么落足，都要说清楚，不说清楚，听的人是不知道该怎么做的。所以才讲“格物、致知、诚意、正心”，这个不说清楚，做功夫的人是不知道具体怎么着手的，那么圣学岂不是成了空谈？

孔圣人“吾道一以贯之”的根本是“一”，这也是“精一”之学的根本。“理”是不分内外的，“性”是不分内外的，所以“学”也是不能分内外的，如果把“学”分了内外，就偏离了“一以贯之”的宗旨。

大家做学术交流，互相印证，为的还是心性的提升，并没有否认内在；反求诸己的内省，并不是和外界完全割裂，这根本就是内外一体的。如果说做功夫一定要到心外寻求，就是“义外”了，也就成了“用智”。

“用智”这里解释一下，《史记》：“吾不贵其用智之如目，见豪毛而不见其睫也。”意思是眼睛看不见自己的睫毛。比喻人无自知之明，见远不见近，不能看见自己的过失。

如果说反求诸己的自省是求之于内，就是认为性只是内在，就成了“有我”，就成了“自私”，也就是以我为中心，妄以天心为本心了。这里的“有

① 语出《周易·系辞下》。意为对于精微道理的探求能够达到神妙的境界，便能够经世致用；对于精微道理运用得好，便能够安静身心，涵养品德。

② 《中庸》：“诚者，非自成而已也，所以成物也。成己，仁也；成物，知也。性之德也，合内外之道也，故时措之宜也。”意为成就自身与成就万物是人的德性所规定的人的行为，是人用自己的德性作用于外物的结果。

我”和“自私”和唯心主义的意思差不多，已经偏离了“心即理”看世界的角度。

这两种偏颇，都是因为不明白性是无内外之分的。所以《周易·系辞下》说“精义入神，以致用也；利用安身，以崇德也”；《中庸》说“性之德也，合内外之道也”，说的都是“格物”之学。

“精义入神，以致用也；利用安身，以崇德也”，简单说一下，“精义入神”的“义”就是天理的意思，这句话的意思是通透天理，和自己融会贯通，看清楚自己的一切，“精义”到了神妙的境界，也就是孟子对“神”字的解释——“圣而不可知之之谓神”。“以致用也”，所有一切达到入神的境界，是为了要入世治世的学以致用。

“利用安身，以崇德也”，通透了天理，自己就能够懂得如何运用这个智慧了。这一点需要自己体悟，圣人也没有办法完全说清楚的。

俗语说“叫花子当三年，给个皇帝都不换”，当叫花子是真自由，天下人的房子都是他的房子，大家煮饭都是给他吃的，虽然是吃剩下来的，但没有关系，这就是“利用安身”。

修道的境界就是要能够“利用”，好的坏的都能用得上，都能够适应。“利用安身，以崇德也”。这个“德”字，不是道德的“德”，而是得到的“得”，是成果的意思。

“成己，仁也；成物，知也。性之德也，合外内之道也”，“道”的修养在一个“诚”字，不是自私自利。“成己（就是）仁也”，是先把自己弄好了，才是大智利人。如果自己都没有过活的本事，又靠什么去苦海救人呢？要成己以后成人，就是“知也”。

能够自利利人，自己站起来而利他，就是仁。“天命之谓性”，人性的光明真正光辉起来了，这才叫作内外合修。自己是内，修好内，发而用之，救天下、救社会、救众生，是修外。达到了这个内外兼修的成就，就是“合内外之道也”。

【原文】

“格物”者，《大学》之实下手处，彻首彻尾，自始学至圣人，只此工夫而已。非但入门之际有此一段也。夫“正心”“诚意”“致知”“格物”，皆所以“修身”，而“格物”者，其所用力，日可见之地。故“格物”者，格其心之物也，格其意之物也，格其知之物也；“正心”者，正其物之心也；“诚意”者，诚其物之意也；“致知”者，致其物之知也。此岂有内外、彼此之分哉？理一而已，以其理之凝聚而言则谓之“性”，以其凝聚之主宰而言则谓之“心”，以其主宰之发动而言则谓之“意”，以其发动之明觉而言则谓之“知”，以其明觉之感应而言则谓之“物”。故就物而言谓之“格”，就知而言谓之“致”，就意而言谓之“诚”，就心而言谓之“正”。正者，正此也；诚者，诚此也；致者，致此也；格者，格此也，皆所谓穷理以尽性也。天下无性外之理，无性外之物，学之不明，皆由世之儒者认理为外，认物为外，而不知义外之说，孟子盖尝辟之，乃至袭陷其内而不觉，岂非亦有似是而难明者欤？不可以不察也！

【老刘说】

“格物”是《大学》中指出的切实着手处，自始至终，无论是初学者还是圣人，都是一个功夫，不能仅仅把“格物”当成入门工作。如果认为入门之后就不用再做“格物”功夫，就是大错特错了。

“正心”“诚意”“致知”“格物”，皆所以“修身”，都是“内圣”功夫的范畴。“格物”功夫是每天能摸得着看得见的着力处。“意之所在便是物”，“格物”是格心中的“物”，也就是格“意之所在”的“物”，也就是格“知觉”触达感知到的“物”。正心，就是正“心中物”的“心”；诚意是诚“意之所在”的“意”；致知是致“知觉所达”的“知”。哪里有什么内外彼此的区别呢？

天理只有一个。从天理的凝聚上而言称为性，从凝聚的主宰上而言称为心，从主宰的发动处而言称为意，从发动的明觉处而言称为知，从明觉的感应处而言称为物。

所以，从物上来说称为格，从知上来说称为致，从意上来说称为诚，从心上来说称为正。只是叫法不同，核心都是一回事，这都可以归结为“穷理以尽性”。

天下无性外之理，无性外之物。圣学不能倡明，是因为从这个角度看世界和平常的角度不一样。很多人转弯太困难，也就无法真正搞懂这件事情。

世上的太多儒生想当然认为理是外在的，物也是外在的，更不知道“义外”的真正意思，而忽略了“心”对天地万物的感知功能，如果人的意识不对天地万物定义，天地万物又如何在人的心中投射呢？如果没有这个投射，人又怎么能感觉到天地万物呢？

孟子也曾反驳过，但这部分刚好是难以说明白，却又很容易混淆的关键点，不能不加以明察的。

罗整庵之所以提出这段的问题，是因为他认为外在之物和人的内在意识是两个完全独立的事物，从这个出发点，罗整庵看到的是“物”与“心”之间的区别。

而在阳明心学的体系里，“物”“意”“心”“知”“性”皆源于“理（天理）”，这是一个系统的事情。

“理（天理）”的意思是“对应人类的自然之则在人心的如实投射”。

“则”，《尔雅》：“则，法也。”“理”的自然之则，强调的是人所特有的，区别于世间其他万物的特性。

这部分是“心即理”的范畴，比较抽象难懂，现在不能完全看懂没关系，在下篇315节里，关于人与宇宙的关系，会说得比较清晰。

“性、心、意、知、物”是心学的根本概念，初学者在这个地方比较容易混淆和模糊，这里简单展开说一下。

“性”，心生为性。《广雅》指出“性，质也”。“性”是人的天生素质，是与生俱来的天赋本能，是区别于其他物种的属性。

“心”，身体的主宰就是“心”，心有感知和判断功能，是行动的最后决定者。脑只是提供信息、方案、逻辑推理等，最后拍板的是“心”，不是脑。以前讲过关于失眠的例子，最后能不能睡得着觉是心来决定的，不是思维。

“意”和“物”是成对出现的，有“意”必定有“物”，反过来也是一样的。

知之发动是意，这个“意”字，是会意字。从心从音，合起来表示发自内心的声音。根据“有善有恶意之动”理解，个人觉得“意”是指“四端”的发动，也就是“恻隐之心、羞恶之心、辞让之心、是非之心”。当心感知到物的时候的一涌动，就是“意”。

“知”是指知觉，也就是对心的所有信息输入都包含在内。

意之所着为物，“如意在于事亲，即事亲便是一物；意在于事君，即事君便是一物；意在于仁人爱物，即仁人爱物便是一物”，这里理解“物”就是具体到“事”上的一股气。格物的“格”，是“正其不正以归于正”，“物”指的是这股关注到“事”的气。

【170－4】
朱子九条

【原文】

凡执事所以致疑于“格物”之说者，必谓其是内而非外也；必谓其专事于反观、内省之为，而遗弃其讲习、讨论之功也；必谓其一意于纲领、本原之约，而脱略于支条、节目之详也；必谓其沉溺于枯、槁、虚、寂之偏，而不尽于物理、人事之变也。审如是，岂但获罪于圣门、获罪于朱子，是邪说诬民，叛道乱正，人得而诛之也，而况于执事之正直哉？审如是，世之稍明训诂，闻先哲之绪论者，皆知其非也，而况执事之高明哉？凡某之所谓“格物”，其于朱子“九条”[①] 之说，皆包罗统括于其中；但为之有要，作用不同，正所谓毫厘之差耳。然毫厘之差，而千里之缪，实起于此，不可不辨。

【老刘说】

“您质疑我说的‘格物’，是因为中间有些误会，这里澄清一下。我说‘格物’是内求，不是外求，您必定认为我的搞法是专门强调反观内省，忽略了沟通交流、同道印证等功夫；必定认为我的说法致力于大纲本源的要领，过于系统化，而省略了具体的功夫步骤等；进而觉得我的说法过于偏颇，不能穷尽事物之理和人情事变上的千变万化。

“如果真是像您说的那样，我不仅是儒门圣学的罪人，也是朱熹先生的罪

① 语出《大学或问下》。

人，而且是犯了邪说惑众、误人子弟、扰乱正学的大罪，人人都可以得而诛之了。更何况像您这样正直的人呢？

“如果真是像您说的那样，世上略懂一些训诂之学，通晓一点儿圣人之道的人，就能看明白其中错误，知道我在胡说八道，更何况像您这样高水平的人呢？

“其实，我所讲的‘格物’，已经把‘朱子九条’涵盖其中了，只不过我的角度和朱熹先生不同，我只强调一个要领，这个要领指的就是‘良知’之说，也就是‘惟精惟一’所说的‘一’。正是这点分别，产生了‘差之毫厘，谬以千里’的结果。这其中产生的分别，不可不将其辨明。”

为了帮助理解阳明先生的意思，这里说一下朱子九条（据朱子《大学或问下》整理）：

第一条，或读书讲明道义，或论古今人物而别其是非，或应接事物而处其当。今日格物，明日又格一物。意思是读书讲道义也好，看历史也好，遇到事也好，都要仔细去琢磨，“格”在物上的“理”。今天格一物，明天格一物，日积月累多了，“理”自然就明白了。

第二条，自一身之中，以至万物之理，多多理会。意思是我们这一辈子碰到的事特别多，要多闻多见，多思索，多体会。

第三条，非穷尽天下之理，亦非止穷得一理，但须多积累。意思是天下的理太多了，想完全穷尽不太可能，但是一定要注意积累，积累的越多，我们离得道越近。

第四条，于一事上穷尽，可以类推。一事上穷不得，且别穷一事，或先其易，或先其难，各随人深浅。意思是碰到事一定要把事情做到极致。这个事情不行就换个事情。无论是先难后易，还是先易后难，都要看个人具体情况。但一定要做好，把其中的道理搞清楚。

第五条，物必有理，皆所当穷。意思是凡事里都是有理存在的，一定要把这个理穷尽出来。

第六条，如欲为孝，当知所有为孝之道。意思是要尽孝，关于孝的所有程序、仪式都要搞清楚，这样才算尽孝。

第七条，物我一理，才明彼，即晓此。一草一木皆有理，不可不察。意思是万事万物都有理存在，这个理是相通的，只要细心去穷尽，自然就可以穷尽其理。

第八条，知至善之所在。意思是知道至善在什么地方，努力朝着这个方向去做好。

第九条，察之于身。意思就是反求诸己。

相对于朱子九条，阳明先生只讲一个良知，从这点来说，阳明心学要比朱熹讲得简单得多。

附格物九条（朱子《大学或问下》）：

程子曰：莫先于正心诚意，然欲诚意，必先致知，而欲致知，又在格物。致，尽也。格，至也。凡有一物，必有一理，穷而至之，所谓格物者也。然而格物亦非一端，如或读书，讲明道义，或论古今人物，而别其是非，或应接事物，而处其当否，皆穷理也。

曰：格物者，必物物而格之耶？将止格一物，而万理皆通耶？曰：一物格而万理通，虽颜子亦未至此，惟今日而格一物焉，明日又格一物焉，积习既多，然后脱然有贯通处耳。（《河南程氏遗书》卷十八，原文为："或问：'进修之术何先？'曰：'莫先于正心诚意。诚意在致知，"致知在格物"。格，至也，如"祖考来格"之格。凡一物上有一理，须是穷致其理。穷理亦多端：或读书，讲明义理；或论古今人物，别其是非；或应接事物而处其当，皆穷理也。'或问：'格物须物物格之，还只格一物而万理皆知？'曰：'怎生便会该通？若只格一物便通众理，虽颜子亦不敢如此道。须是今日格一件，明日又格一件，积习既多，然后脱然自有贯通处。'"）

又曰：自一身之中，以至万物之理，理会得多，自当豁然有个觉处。（《河南程氏遗书》卷十七，原文为："今人欲致知，须要格物。物不必谓事物然后谓之物也，自一身之中，至万物之理，但理会得多，相次自然豁然有觉处。"）

又曰：穷理者，非谓必尽穷天下之理，又非谓止穷得一理便到，但积累多后，自当脱然有悟处。（《河南程氏遗书》卷二上，原文为："所务于穷理者，非道须尽穷了天下万物之理，又不道是穷得一理便到，只是要积累多后，自然见去。"）

又曰：格物，非欲尽穷天下之物，但于一事上穷尽，其他可以类推。至于言孝，则当求其所以为孝者如何？若一事上穷不得，且别穷一事，或先其易者，或先其难者，各随人浅深。譬如千蹊万径，皆可以适国，但得一道而入，则可以推类而通其余矣。盖万物各具一理，而万理同出一原，此所以可推而无不通也。(《河南程氏遗书》卷十五，原文为："格物穷理，非是要尽穷天下之物，但于一事上穷尽，其他可以类推。至如言孝，其所以为孝者如何，穷理如一事上穷不得，且别穷一事，或先其易者，或先其难者，各随人深浅，如千蹊万径，皆可适国，但得一道入得便可。所以能穷者，只为万物皆是一理，至如一物一事，虽小，皆有是理。")

又曰：物必有理，皆所当穷，若天地之所以高深，鬼神之所以幽显是也。若曰天吾知其高而已矣，地吾知其深而已矣，鬼神吾知其幽且显而已矣，则是已然之词，又何理之可穷哉？(《河南程氏遗书》卷十五，原文为："物理须是要穷。若言天地之所以高深，鬼神之所以幽显。若只言天只是高，地只是深，只是已辞，更有甚？")

又曰：如欲为孝，则当知所以为孝之道，如何而为奉养之宜，如何而为温凊之节，莫不穷究然后能之，非独守夫孝之一字而可得也。(《河南程氏遗书》卷十八，原文为："且如欲为孝，不成只守著一个孝字？须是知所以为孝之道，所以侍奉当如何，温凊当如何，然后能尽孝道也。")

或问：观物察己者，岂因见物而反求诸己乎？曰：不必然也，物我一理，才明彼即晓此，此合内外之道也。语其大，天地之所以高厚，语其小，至一物之所以然，皆学者所宜致思也。曰：然则先求之四端可乎？曰：求之情性，固切于身，然一草一木，亦皆有理，不可不察。(《河南程氏遗书》卷十八，原文为："问：'观物察己，还因见物，反求诸身否？'曰：'不必如此说。物我一理，才明彼即晓此，合内外之道也。语其大，至天地之高厚；语其小，至一物之所以然，学者皆当理会。'又问：'致知，先求之四端，如何？'曰：'求之性情，固是切于身，然一草一木皆有理，须是察。'")

又曰：致知之要，当知至善之所在，如父止于慈，子止于孝之类，若不务此，而徒欲泛然以观万物之理，则吾恐其如大军之游骑，出太远而无所归也。(《河南程氏遗书》卷七，原文为："致知，但知止于至善、为人子止于孝、为人父止于慈之类，不须外面。只务观物理，泛然正如游骑无所归也。")

又曰：格物，莫若察之于身，其得之尤切。(《河南程氏遗书》卷十七，条七，原文为："'致知在格物'，格物之理，不若察之于身，其得尤切。")

【170 - 5】
孟子和杨墨之学

【原文】

孟子辟杨、墨至于“无父、无君”。二子亦当时之贤者，使与孟子并世而生，未必不以之为贤。墨子兼爱，行仁而过耳，杨子为我，行义而过耳，此其为说亦岂灭理乱常之甚，而足以眩天下哉？而其流之弊，孟子至比于禽兽、夷狄，所谓以学术杀天下后世也。

【老刘说】

阳明先生说，孟子批评杨朱和墨子，说他们是“无父、无君”。其实在当时的时代，杨、墨也是一代贤士。假如他们与孟子同在一个时代，孟子也未必不认为他们为贤者。墨子提倡“兼爱”，是行仁过了头；杨朱提倡“为我”，是行义过了头。

杨朱和墨子的观点是不一样的。杨子取“为我”，即“拔一毛而利天下，不为也”，理论核心是世界如果要想好的话，只需要每个人都做好自己，世界自然就好了。每个人的重点是修好自己，把自己的事情干好。一部大机器，每个零件都干好自己的事情，机器没有道理转不好的。如果中间有齿轮不好好干活，机器就没办法正常运作了。事实上，希望每个人都能做到、做好自己的本分，是很难实现的，有人反而会以此作为自私自利的借口。所以孟子说杨朱是行义过了头。

墨子讲“兼爱”，《孟子·尽心上》：“墨子兼爱，摩顶放踵利天下，为之。”赵岐注：“摩突其顶下至于踵，以利天下，己乐为之也。”摩：磨。放：至，到。意谓墨子为推行兼爱，损伤身体，亦所不顾。（《墨子·兼爱中》：

“子墨子言：视人之国若视其国，视人之家若视其家，视人之身若视其身。是故诸侯相爱，则不野战；家主相爱，则不相篡；人与人相爱，则不相贼；君臣相爱，则惠忠；父子相爱，则慈孝；兄弟相爱，则和调。天下之人皆相爱，强不执弱，众不劫寡，富不侮贫，贵不敖贱，诈不欺愚。凡天下祸篡怨恨可使毋起者，以相爱生也，是以仁者誉之。”）

墨子讲兼爱，从政治角度来说，是绝对正确的，但因为道德标准定得太高，不符合人性的真相，大多数人无法真正做到，结果就会培养出一堆伪君子。

《吕氏春秋》记载了“子贡赎人”和“子路受牛”的典故，原文“鲁国之法，鲁人为人臣妾于诸侯，有能赎之者，取其金于府。子贡赎鲁人于诸侯，来而让，不取其金。孔子曰：‘赐失之矣。自今以往，鲁人不赎人矣。’取其金，则无损于行；不取其金，则不复赎人矣。子路拯溺者，其人拜之以牛，子路受之。孔子曰：‘鲁人必拯溺者矣。’孔子见之以细，观化远也。”（译文：鲁国有一条法律，鲁国人在其他诸侯国沦为奴隶，如果有人能把他们赎出来，就可以到国库中报销赎金。有一次，孔子的弟子子贡在国外赎回了一个鲁国人，回来后却不接受国家报销。孔子说：“你做错了，从今以后，鲁国人就不再愿意为在外的同胞赎身了。”如果接受了国家报销，对品行并不会有损害；而不肯拿回抵付的钱，别人就不肯再赎人了。又有一次，孔子的另一个弟子子路救起一名落水者，那人为了感谢他就送了他一头牛，子路收下了。孔子说：“这下子鲁国人一定会勇于救落水者了。”孔子能从细小处看到结果，这是因为他对事物的发展变化观察得远啊。）

子贡用自己的钱做了一件好事，本应该被树为道德典范，孔夫子为何反而要批评他？子贡的错误在于，把原本人人都能达到的道德标准超拔到了大多数人难以企及的高度。这样使很多人对赎人望而却步。违反常情、悖逆人情的道德本身就已经是恶了，道德标准的无限拔高，或者把个人的私德当作公德，结果就是让道德尴尬，让普通民众闻道德而色变，进而远道德而去。

孟子说墨子是行仁行过了，也是同样的意思。孟子认为太走极端了，导致的结果会让社会更糟糕。我们的文化讲“一阴一阳之谓道”，阴阳是互生共长的，一个方向太过自然就会出问题，而且会出大问题。杨、墨的学说太过偏执，虽然讲的不是灭理乱常、迷惑天下的东西，但是，其所产生的流弊，孟子将它们比喻为“禽兽、夷狄”，原因就是杨、墨家的学说就是所谓的用学术来灭杀天下后世。

要知道，道德只能解决是非对错的问题，不能解决具体问题。如果人人都站在道德制高点高谈阔论，站着说话不腰疼，社会只会变得更糟糕。这种过于强调仁或者过于强调义的风气，都会对后世产生不可估量的坏影响。

【原文】

今世学术之弊，其谓之学仁而过者乎？谓之学义而过者乎？抑谓之学不仁、不义而过者乎？吾不知其于洪水、猛兽何如也。孟子云："予岂好辩哉？予不得已也。"①

杨、墨之道塞天下，孟子之时，天下之尊信杨、墨，当不下于今日之崇尚朱说；而孟子独以一人呶呶于其间，噫，可哀矣！韩氏云："佛、老之害甚于杨、墨。"韩愈之贤不及孟子，孟子不能救之于未坏之先，而韩愈乃欲全之于已坏之后，其亦不量其力，且见其身之危莫之救以死也。

【老刘说】

阳明先生说："当今的学术弊端，能说是学仁过分了吗？能说是学义过分了吗？还是说学不仁、不义过分了呢？但这种不好的开端，将来流弊起来造成的危害，无异于洪水猛兽。我站出来讲，也是人在江湖身不由己，不是因为我想标榜什么，或者想哗众取宠。借用孟子的话来说，只是个'予岂好辩哉？予不得已也。'"

杨、墨的学说曾经大行于天下，在孟子的时代，天下的人崇信杨、墨之学，不亚于今天的人推崇朱熹的学说。孟子在其名气影响都不大的情况下，还是一个人挺身而出，这是一件很悲壮的事情，所以孟子说"自反而缩，虽千万人，吾往矣"的话。

韩愈所处的那个时代，佛教对社会的危害已经成形了，即使振臂一呼也不见得一定有结果，韩愈的贤德程度比不上孟子。孟子尚且没办法在事情不

① 《孟子·滕文公下》："公都子曰：'外人皆称夫子好辩，敢问何也？'孟子曰：'予岂好辩哉？予不得已也。'"。

是很糟糕的时候完全搞定，更何况韩愈面对已经完全糟糕的形势呢？这么做完全是自不量力的。但是韩愈还是选择振臂一呼，与孟子当时的悲壮是一模一样的，亦是一个“自反而缩，虽千万人，吾往矣”。为儒者，应该具有的情怀和本分就是，即便有些事情明知其不可为，也要为之。

关于韩愈反佛的事情简单说一下，元和十三年（818），唐宪宗派人前往法门寺再度奉迎佛骨，第二年正月，将佛骨迎至京城长安。宪宗敕令先在宫中供奉三天，此举煽起了全国性宗教狂热。当时，朝野震动，王公士庶，奔走相告，有焚顶烧指燃臂为供养的，有倾家荡产以作施舍的。

面对这种日益高涨的崇佛狂潮，韩愈挺身而出，向唐宪宗上《谏迎佛骨表》。梁武帝时代，佛教兴盛，寺院是不纳税的，于是很多农民为了避税，就把土地献给寺院，再私下里租种，租金比国家税收要低得多。有些贵族之家不断地把财物捐赠给寺院，寺院占据的财富就越来越多，同时寺院还会隐秘一些人口，导致国家劳动人口和赋税收入受到极大的影响，而这种趋势还愈演愈烈。周武帝毁寺四万座后还俗者三百多万人，相当于全国人口的十分之一，显然是对国家有利的。所以五代的时候灭佛，不能完全归结于统治者残暴。

韩愈提出应将佛骨交付有关部门毁掉，以“断天下之疑，绝后代之惑”。甚至表示：如果佛真能灵验，能作祸祟的话，那么，所有的灾难请都落到我的身上吧！

《谏迎佛骨表》触怒了皇帝，韩愈几乎性命不保，被削去了刑部侍郎的职务，贬为潮州（治所在今广东潮安）刺史。对于这件事，韩愈始终无悔，在赴潮州途中有诗云：“一封朝奏九重天，夕贬潮州路八千。欲为圣明除弊事，肯将衰朽惜残年。云横秦岭家何在？雪拥蓝关马不前。知汝远来应有意，好收吾骨瘴江边。”（《左迁至蓝关示侄孙湘》）。

举个反例，冯玉祥在《我的生活》“赴俄途中”一章说：“其次谈到人口，蒙古本有一千二百万人。在满清长期统治之后，今已减少至五十万人（注：此处引用的蒙古人口有误，但原则没错）。”一九四〇年七月中共中央西北工作委员会拟定的《关于抗战中蒙古民族问题题纲》中说：“满清政府曾利用喇嘛教来毒害蒙古民族。当时满清政府极力提倡喇嘛教，建立寺院，尊重活佛，优待喇嘛，赐予特权，使蒙古民族迷信喇嘛达于极点，喇嘛在蒙古人口中达到百分之二十五至三十的惊人数目，遂影响到蒙古人口锐减、性病激增、生产停滞、民族意识消沉等种种严重恶果。”《中国疾病预防控制中心性病控制中心20年性病防治回顾》中说："建国初期民族地区的性病流行更为严重……内蒙古个别地区的梅毒患病率高达48%。"

关于佛教的评价，纪昀在《阅微草堂笔记》中有一段比较客观的论述，可以作为参考，原文如下：

> 颖州吴明经跃鸣言：其乡老儒林生，端人也。尝读书神庙中，庙故宏阔，僦居者多。林生性孤峭，率不相闻问。一日，夜半不寐，散步月下。忽一客来叙寒温。林生方寂寞，因邀入室共谈，甚有理致。偶及因果之事，林生曰："圣贤之为善，皆无所为而为者也。有所为而为，其事虽合天理，其心已纯乎人欲矣。故佛氏福田之说，君子弗道也。"客曰："先生之言，粹然儒者之言也。然用以律己则可，用以律人则不可；用以律君子犹可，用以律天下之人则断不可。圣人之立教，欲人为善而已。其不能为者，则诱掖以成之；不肯为者，则驱策以迫之。于是乎刑赏生焉。能因慕赏而为善，圣人但与其善，必不责其为求赏而然也。能因畏刑而为善，圣人亦与其善，必不责其为避刑而然也。苟以刑赏使之循天理，而又责慕赏畏刑之为人欲，是不激劝于刑赏，谓之不善；激劝于刑赏，又谓之不善，人且无所措手足矣。况慕赏避刑，既谓之人欲，而又激劝以刑赏，人且谓圣人实以人欲导民矣，有是理欤？盖天下上智少而凡民多，故圣人之刑赏，为中人以下设教。佛氏之因果，亦为中人以下说法。儒释之宗旨虽殊，至其教人为善，则意归一辙。先生执董子谋利计功之说，以驳佛氏之因果，将并圣人之刑赏而驳之乎？先生徒见缁流诱人布施，谓之行善，谓可得福。见愚民持斋烧香，谓之行善，谓可得福。不如是者，谓之不行善，谓必获罪。遂谓佛氏因果，适以惑众。而不知佛氏所谓善恶，与儒无异；所谓善恶之报，亦与儒无异也。"林生意不谓然，尚欲更申己意。俯仰之顷，天已将曙。客起欲去。固挽留之，忽挺然不动，乃庙中一泥塑判官。

【原文】

呜呼！若某者，其尤不量其力，果见其身之危莫之救以死也矣！夫众方嘻嘻之中，而独出涕嗟若；举世恬然以趋，而独疾首蹙额以为忧，此其非病狂丧心，殆必诚有大苦者隐于其中，而非天下之至仁，其孰能察之。

其为《朱子晚年定论》，盖亦不得已而然。中间年岁早晚，诚有所未考，虽不必尽出晚年，固多出于晚年者矣。然大意在委曲调停，以明此学为重。平生于朱子之说，如神明蓍龟，一旦与之背驰，心诚有所未忍，故不得已而为此。“知我者谓我心忧，不知我者谓我何求”①。盖不忍抵牾朱子者，其本心也；不得已而与之抵牾者，道固如是，不直则道不见②也。

执事所谓“决与朱子异”者，仆敢自欺其心哉？夫道，天下之公道也；学，天下之公学也，非朱子可得而私也，非孔子可得而私也，天下之公也，公言之而已矣。故言之而是，虽异于己，乃益于己也；言之而非，虽同于己，适损于己也。益于己者，己必喜之；损于己者，己必恶之。然则某今日之论，虽或于朱子异，未必非其所喜也。君子之过，如日月之食，其更也，人皆仰之；③ 而小人之过也必文④。某虽不肖，固不敢以小人之心事朱子也。

执事所以教，反复数百言，皆以未悉鄙人“格物”之说。若鄙说一明，则此数百言皆可以不待辨说而释然无滞，故今不敢缕缕，以滋琐屑之渎。然鄙说非面陈口析，断亦未能了了于纸笔间也。

嗟乎！执事所以开导启迪于我者，可谓恳到详切矣，人之爱我，宁有如执事者乎！仆虽甚愚下，宁不知所感刻佩服？然而不敢遽舍其中心之诚然而姑以听受云者，正不敢有负于深爱，亦思有以报之耳。秋尽东还，必求一面，以卒所请，千万终教。

【老刘说】

阳明先生说：“我很清楚我在做什么，也清楚结果是什么，我不是为了标

---

① 语出《诗经·王风·黍离》。

② 《孟子·滕文公上》：“孟子曰：‘吾今则可以见矣。不直，则道不见；我且直之。’”

③ 《论语·子张》：“君子之过也，如日月之食焉：过也，人皆见之；更也，人皆仰之。”

④ 《论语·子张》：“子夏曰：‘小人之过也必文。’”

新立异，哗众取宠，更不是精神错乱，只是效仿孟子、韩愈这样的儒者，尽自己的本分而已。编订《朱子晚年定论》是不得已而为之的。其中的时间考据的确不够严谨，虽然书中的言论不一定都是出自朱熹的晚年，但大多数还是出自晚年的。编订的初衷是调解朱、陆之争，昌明圣学。我也是科举出身的，对朱子的学说也同样奉为神明，有和朱子相悖的地方，心里也是很忐忑的。但圣学真相如此，我也是没办法的。

"'知我者谓我心忧，不知我者谓我何求。'孟子说'不直则道不见'，如果不直说，就没办法把'道'说明白，'道'也就不能显现出来。并非是我执意要和朱熹先生唱反调。

"'道'是天下之公道；学是天下之公学。并不是朱熹私有的，也不是孔子私有的，对于天下公有的东西，只得秉公而论。要站在公心的角度说，不能因为自己的利益，或者为了赞同而赞同，为了反对而反对，那样是不对的。

"我今天所讲的即使与朱熹不同，未必就不是他所喜欢的。《论语》说'君子之过也，如日月之食焉：过也，人皆见之；更也，人皆仰之'（君子的过错，就像日食和月食一样啊：有了过错，人人都看见了；改正的时候，人人都仰望着），这是为儒者的本分。

"而'小人之过也必文'，一个小人对于自己的过错，总能想办法说出一套理由，把过错掩盖起来。我是不会这么干的，更不会以小人之心揣度朱熹先生。

"您给我写的信洋洋数百言，根本原因可能是您对我的学说还不是真正了解。如果您真的弄明白我的学说观点，书信中所提到的问题，也就不辩自明了。书信能承载的信息毕竟很有限，如果能当面陈述、现场剖析，就更容易说清楚了。

"您如此重视我，对我如此认真地开导启示，我是非常感激的，天下人能把事情做到您这种程度的，真的很少了，虽然我这个人很愚钝，但心里是很佩服您的。

"今年秋天的时候我应该会往东走，应该有机会拜访您，还希望您千万要给我这个机会。"

据罗整庵在他的《困知记》中所载，他写给阳明先生的信有两封，写第二封信的时候，阳明先生已经辞世，先生东归面谈之愿望也成了遗憾。

阳明先生在这封信中，全篇采用非常谦恭委婉的方式，在不伤面子的前提下，坚定地捍卫了自己的立场，这就是入世治世的技巧。

答聂文蔚[①]

【171－1】
不见是而无闷

【原文】

春间远劳迂途枉顾，问证惓惓，此情何可当也！已期二三同志，更处静地，扳留[②]旬日，少效其鄙见，以求切劘[③]之益，而公期俗绊，势有不能，别去极怏怏，如有所失。忽承笺惠，反复千余言，读之无甚浣慰。中间推许太过，盖亦奖掖之盛心，而规砺真切，思欲纳之于贤圣之域，又托诸崇一以致其勤勤恳恳之怀，此非深交笃爱，何以及是；知感知愧，且惧其无以堪之也。虽然，仆亦何敢不自鞭勉，而徒以感愧辞让为乎哉！

其谓"思、孟、周、程无意相遭于千载之下，与其尽信于天下，不若真信于一人。道固自在，学亦自在，天下信之不为多，一人信之不为少"者，斯固君子"不见是而无闷"[④] 之心，岂世之谫谫[⑤]屑屑

① 聂文蔚：聂豹，字文蔚，号双江，江西永丰人，官至兵部尚书。其学主张"归寂"之说，著有《困辨录》一书，在"心即理"的基础上，提出了"归寂"说，表现出不同于王学的思想特色。但他对王阳明极为崇拜，王阳明在浙江时曾与之相见，王去世后，聂设位北面再拜，始称门生。

② 扳留：挽留。

③ 切劘（mó）：切磋。

④《周易·文言·乾》："遁世无闷，不见是而无闷。"意为避世而内心没有烦忧，即便不被肯定也不会烦闷。

⑤ 谫（jiǎn）谫：浅薄。

者知足以及之乎！乃仆之情，则有大不得已者存乎其间，而非以计人之信与不信也。

【老刘说】

此节是《答聂文蔚》的首段，交代了写这封书信的原因，见其信如见其人，此段大部分是礼节上的客套话，将话说到这个程度，也可以认为是情理交融的极佳范本。

信开头写道："春天的时候我们见了一次面，您诚恳地问辩求证，让我非常感动。本来我的想法是几个志同道合的人找个比较安静的地方，逗留十天八天的，好好聊一聊、彼此印证学问，但实在是不凑巧，您因公务在身，不得不离开，与您分别后，我怏怏不乐，若有所失。

"忽然之间收到您的来信，前后数千言，读后甚感欣慰。信中的规劝砥砺十分恳切，对我推许甚高，殷殷盛情，是希望促进我跻身于圣贤之列。另外，又托欧阳崇一转达对我的殷切问候，若不是深交笃爱，又怎能如此？对此，我非常感动，很害怕有负您对我的厚望，我会努力鞭策自己。"

开头数语，阳明先生的谦谦君子形象跃然纸上。对不同的人，先生很懂得因材施教的方式方法，用正确的身心姿态面对世界，这就是"君子不器"的最好示范。

有句俗话叫见人下菜碟，这个菜碟能下得恰到好处，就是随心所欲不逾矩了。比如我们在家庭里边不断切换自己的角色：对爱人的时候是用爱人的方式；对父母的时候，要有为人子女的样子；对儿女的时候，要有为人父母的样子。在各种角色之间切换能做到无缝连接，应对各种角色的时候能够游刃有余、妥妥当当，就是大学问了。

《阅微草堂笔记》里有一个小故事：奴子傅显，喜读书，颇知文义，亦稍知医药，性情迂缓，望之如偃蹇老儒。一日，雅步行市上，逢人辄问："见魏三（奴子魏藻，行三也）兄否？"或指所在，复雅步以往。比相见，喘息良久，魏问相见何意。曰："适在苦水井前，遇见三嫂在树下作针黹，倦而假寐。小儿嬉戏井旁，相距三五尺耳，似乎可虑。男女有别，不便呼三嫂使醒，故走觅兄。"魏大骇，奔往，则妇已俯井哭子矣。夫僮仆读书，可云佳事。然读书以明理，明理以致用也。食而不化，至昏愦僻谬，贻害无穷，亦何贵此儒者哉。

故事的大意是：有个仆人叫傅显，喜欢读书，能通晓文中的道理，并且懂点儿医术。一天，他从容安闲地在街上走，逢人就问“魏三在什么地方”。等找到魏三后，他先把气喘匀了，说：“刚才出来的时候从井边过，看见你媳妇在井边树下做针线活，好像是累了在打盹，孩子在井边玩，离井也就三五尺远，很容易掉下去，我本来想提醒一下，但是男女有别，所以我就出来找你了。”魏三听了赶紧往回跑，跑到井边看见他媳妇趴在井沿哭，孩子已经掉井里面去了。读书是件好事，但读书是用来明白道理的，明白道理是用以实用的。学不致用，掌握了知识却不知变通，明显是读书读傻了。

阳明先生接着说，子思、孟子、周敦颐、程颢等人，并不期望千年以后为世人所理解。与其让天下之人都相信，不如被一个人笃信。大道自然而然地存在，圣学亦自然而然地存在，天下之人尽信也不算多，只有一人笃信也不算少。这就是君子“不见是而无闷”的心态。为儒者，做好自己该做的事情，不必刻意计较世上的人信与不信。

做任何事，都会有人非议的，这是没有办法的事儿。大众认知层面不同，人的天资禀赋也分上中下，我们不能指望自己讲的东西，所有人都可以听懂。

夏虫语冰的时候，被人讥笑是再正常不过的事情了。《老子》说“上士闻道，勤而行之；中士闻道，若存若亡；下士闻道，大笑之。——不笑，不足以为道”，也是这个道理。

【171 －2】
人和世界的关系

【原文】

夫人者，天地之心，天地万物本吾一体者也。生民之困苦荼毒，孰非疾痛之切于吾身者乎？不知吾身之疾痛，无是非之心者也。是非之心不虑而知，不学而能，所谓“良知”也。良知之在人心，无间于圣愚，天下古今之所同也。世之君子惟务致其良知，则自能公是非，同好恶，视人犹己，视国犹家，而以天地万物为一体，求天下无治，不可得矣。古之人所以能见善不啻若己出，见恶不啻若己入，视民之饥溺犹己之饥溺[①]，而一夫不获，若己推而纳诸沟中者，非故为是而以蕲天下之信己也，务致其良知求自慊而已矣。尧、舜、三王之圣，言而民莫不信者，致其良知而言之也，行而民莫不说者，致其良知而行之也。是以其民熙熙皞皞，杀之不怨，利之不庸，[②] 施及蛮貊，而凡有血气者莫不尊亲，为其良知之同也。呜呼！圣人之治天下，何其简且易哉。

【老刘说】

阳明先生说：“人是天地之心，天地万物与我是一体的。”

这句话点出了阳明心学的核心角度——人和世界的关系。心学既不是唯

① 《孟子·离娄下》：“禹思天下有溺者，由己溺之也；稷思天下有饥者，由己饥之也。”

② 《孟子·尽心上》：“王者之民皞皞如也。杀之而不怨，利之而不庸，民日迁善而不知为之者。”

物主义也不是唯心主义，它是一个天人合一的交互体系，即人和世界互相作用，彼此影响。阳明先生终其一生都在强调一个主体性的问题，这个主体就是万物意义的核心点。人的主宰是心，心的主宰是灵明，灵明是天地鬼神的主宰，所以人是天地之心，天地万物与我是一体的。

关于“我不看月亮的时候，它在不在”这一问题，我感知不到月亮的时候，月亮在我的世界里是“寂”的状态，不是“显”的状态。这是阳明心学“心即理”的角度。如果我已经离开这世界了，天地鬼神对我还有意义吗？显然没有了，我和它们之间没有交互关系了，它们对我也就毫无意义了。我活在这个世界上，有感知功能的灵明在，世界对我才是有意义的，这才是阳明心学天人合一的体系。下篇315节对“天地同体”有非常详细的阐述。

阳明先生在这个基础上继续引申，既然天地万物和我是一体的，看到百姓疾苦就像切身之痛一样，如果感觉不到自身的疾痛，那就是根本没有任何是非之心的麻木状态。良知就是个是非之心，不虑而知，不学而能，所有人心里都有良知存在，在这一点儿上，圣人和普通人是没有区别的，古今中外也都是一样的。

世上的君子，只要在致良知上用力，就自然能明辨是非，推己及人，对待别人就像对待自己，对待国家就像对待自己的家庭，做到天下为公，达到天地万物本吾一体，做到这些，即便想治理不好国家也难。

圣王之治的时代，国家治理得很好。当政者就是圣人，看到老百姓受苦就像自己受苦一样，看到一个人出问题就像自己出问题一样，看到善行就像自己做了好事，看到恶行就像自己做了坏事，将大众的饥饿困苦看成是自己的饥饿困苦，只要有一个人没有安顿好，自己就吃不好睡不好，这样做并不是想以此来博取天下人的信任，而是致自己的良知，力求此心没有亏欠而已。

尧、舜、商汤、周文王、周武王这些圣人，大众无条件地信任他们，喜欢他们，根源就是他们致良知的结果。因此，他们治下的人民和谐美满，即便是因为触犯律法被处罚的人，也不会有怨恨之心。良知的彰显，使人性中光明和美好的一面被引导出来，即便是偏远落后的蛮夷之地，也变得和谐美好。圣人治理天下，就是如此简单容易！

人的一生，最后盖棺定论的时候，最有资格做出评价的是自己的良知，而不是别人的嘴巴。

史书说秦二世的暴政罄竹难书，几千年过去了，知道真相的人早已灰飞烟灭，后世人见到的只是断章残简，知道的也只是道听途说，这其中又有多少东西是真的呢?

所以，对于个人而言，如何评价自己的人生，靠的是自己心里的良知，最后离世的节点，我们可以不面对任何人，但必须要面对自己的内心，这是无法回避的事情。

【171－3】
世风日下的根源

【原文】

后世良知之学不明，天下之人用其私智以相比轧，是以人各有心，而偏琐僻陋之见，狡伪阴邪之术，至于不可胜说；外假仁义之名，而内以行其自私自利之实，诡辞以阿俗，矫行以干誉；掩人之善而袭以为己长，讦人之私而窃以为己直，忿以相胜而犹谓之徇义，险以相倾而犹谓之疾恶，妒贤忌能而犹自以为公是非，恣情纵欲而犹自以为同好恶，相陵相贼，自其一家骨肉之亲，已不能无尔我胜负之意、彼此藩篱之形，而况于天下之大、民物之众，又何能一体而视之？则无怪于纷纷籍籍，而祸乱相寻于无穷矣。

【老刘说】

后来的世道，没有圣人的引领，内求于心的良知之学不再彰明，天下之人迷失心灵，在“利为先”的引导下，做事为达私欲而不择手段，用自己的私心巧智相互倾轧。

之所以世风日下，是因为大家做事不遵从天理，不再扪心自问，不凭良知，为自己谋利不择手段。一旦人心导向由内求变成外求，就变成了互害模式，最后谁都逃脱不了被伤害的结果。

人们各揣心思，那些偏颇浅陋的见解、阴险狡诈的手段层出不穷。外面假托仁义之名，暗中干着自私自利的事。以狡辩来迎合世俗，用伪行来沽名钓誉。通过恶意贬低别人的长处，攻击别人的隐私来显示自己的正直。将对别人的打击报复说成是疾恶如仇，把妒忌贤能说成是明辨是非，把恣情纵欲说成是与世人和光同尘，等等。人与人之间的关系变成相互欺凌，相互迫害，即便是骨肉之亲也会产生隔阂，更何况广大的天下，如此众多的百姓呢？这就是天下纷纷攘攘而祸乱不断的根源。

当人的良知泯灭，是什么事情都能干得出来的，譬如用保健品诓骗老头老太太棺材本的，把悬壶济世搞成谋财害命的，校园裸贷、电信诈骗、传销等，不一而足。这些事情不光有人干，而且干得还不少，甚至有些人干完之后还洋洋自得，看我多有本事，一年搞了几千万。

这一段主要描述“后世良知之学不明”所造成的积重难返之流弊，为下文论述阳明先生为什么要不遗余力宣扬良知之学做铺垫。

在阳明先生看来，天下祸乱不断的根源就在于人不能把本心放在首位，而是迷失自己，把利益放在良知前面。人人囿于一己之私，私欲遮蔽良知之后，众恶相引而出。

我们的文化一直有抑商一面，商业是逐利的，一旦把“逐利”当作最高评价尺度的时候，很难避免引出人性中的阴暗之面。比如，作为一个利欲熏心的机构，是不可能把公平公正放在首要位置的，除非公平公正对追逐利益有助力，否则他们只会装聋作哑。

如果想让这个世界变成一个天堂，唯一可行的路就是，把人性中光明的一面引出来，让良知的光芒充满整个世界。

【171－4】
走自己的路，让狗去叫吧

【原文】

仆诚赖天之灵，偶有见于良知之学，以为必由此，而后天下可得而治。是以每念斯民之陷溺，则为之戚然痛心，忘其身之不肖，而思以此救之，亦不自知其量者。天下之人见其若是，遂相与非笑而诋斥之，以为是病狂丧心之人耳。呜呼！是奚足恤哉！吾方疾痛之切体，而暇计人之非笑乎？人固有见其父子兄弟之坠溺于深渊者，呼号匍匐，裸跣颠顿，扳悬崖壁而下拯之。士之见者，方相与揖让谈笑于其傍，以为是弃其礼貌衣冠而呼号颠顿若此，是病狂丧心者也。故夫揖让谈笑于溺人之傍而不知救，此惟行路之人，无亲戚骨肉之情者能之，然已谓之无恻隐之心非人矣①；若夫在父子兄弟之爱者，则固未有不痛心疾首，狂奔尽气，匍匐而拯之；彼将陷溺之祸有不顾，而况于病狂丧心之讥乎？而又况于蕲人之信与不信乎？呜呼！今之人虽谓仆为病狂丧心之人，亦无不可矣。天下之人心，皆吾之心也。天下之人犹有病狂者矣，吾安得而非病狂乎！犹有丧心者矣，吾安得而非丧心乎！

【老刘说】

阳明先生说："我运气比较好，上天眷顾，龙场一悟让我知道了良知之

① 语出《孟子·公孙丑上》。

学。现在我把它讲出来，只有通过良知之学的传播，匡正人心，世界才会更加美好。为儒者，当知万物一体，当以天下为己任，我每每想到当世百姓陷溺苦海，总是心有戚戚，寝食不安，希望用良知之学拯救天下，让这个世界充满阳光。”

天道酬勤，机会是给有准备的人准备的，阳明先生前半生一直在追求人生的意义，追求儒学的真谛，所以他才悟到良知之学。作为平常人，尽人事，听天命，做好我们该做的事情，天命自然就会眷顾我们，这是天理使然的事情。

阳明先生在世风日下的情况下，以天下为己任，明知独力弘道会面对各种艰难险阻，仍然迎难而上，这是需要非常之勇气和气魄的。如果不是心中有对圣道的笃信和对天下疾苦的深切体会，又如何能做到呢？

就算是国宴的厨师，做出来的菜也没办法让所有食客都满意。作为一个儒者，当以天下为己任，只要符合良知，做到“自反而缩，虽千万人，吾往矣”，就不必在意别人怎么说。

如果一个人的血亲，无论是父子还是兄弟，其中一个掉到水里了，另一个人会怎么做呢？一定非常着急，不会在乎什么形象。即使衣衫不整，帽子没戴好，也会光着脚跑过去，甚至都来不及去找绳子，就直接跳下水去救人。看热闹的人事不关己，在一旁作揖打躬，认为救人的人衣冠不整、大喊大叫、顿足跌倒、狼狈不堪，一定是个精神不正常的人。这些旁观者毫无恻隐之心，岂止是丧心病狂，简直就不是人！

这种事情现实中也不少，比如有人想不开要跳楼，自杀之前，心里都是很矛盾的，特别是心智不是特别成熟、喜欢意气用事的年轻人。在楼顶上纠结徘徊的时候，如果有人动了恻隐之心拉他一把，一条命就救回来了。可是就有看热闹不怕事大的人，有怂恿的，有喝彩的，有鼓掌的，“怎么还不跳？”“跳下来，赶紧跳啊，咱们都看了一个小时了，脖子都酸了，肚子都饿了，你玩我们呢？”“如果不跳，那就是孬种了，这么多人看着呢。”几乎年年新闻都播过这种事情。

应对人情事变，有些时候不能太爱惜羽毛。太爱惜羽毛很容易画地为牢，沦入“君子可欺之以方”，最后自缚手脚，任人摆布。

做人做事有时候需要有“虽千万人，吾往矣”的气魄，敢做“知其不可为而为之”的行动。阳明先生对待这些人的态度，首先是无视，你说你的，我做我的，我认为这样做符合良知的，就去实施，别人说什么，是别人的事情。

我们要注意讥讽诋毁和真诚建议是两回事。阳明先生对别人的真诚建议，是就事论事，秉持谦恭的态度的；但对讥讽诋毁就是另一回事了，阳明先生对爱讥讽诋毁的人持一种深切的同情和悲悯的态度。

【171－5】
孔子的遭遇

【原文】

昔者孔子之在当时，有议其为谄者，有讥其为佞者，有毁其未贤，诋其为不知礼，而侮之以为东家丘[①]者，有嫉而沮之者[②]，有恶而欲杀之者[③]，晨门、荷蒉之徒，皆当时之贤士，且曰“是知其不可而为之者欤?”“鄙哉硁硁乎！莫己知也，斯己而已矣。”[④] 虽子路在升堂之列，尚不能无疑于其所见，不悦于其所欲往，而且以之为迂，则当时之不信夫子者，岂特十之二三而已乎？然而夫子汲汲遑遑若求亡子于道路，而不暇于暖席者，宁以蕲人之知我、信我而已哉？盖其天地万物一体之仁，疾痛迫切，虽欲已之而自有所不容已。故其言曰：“吾非斯人之徒与而谁与?”[⑤]“欲洁其身而乱大伦。”[⑥]“果哉，末之难矣!”[⑦] 呜呼！此非诚以天地万物为一体者，孰能以知夫子之心

---

① 东家丘：《孔子家语》记载，孔子西邻有愚人，不知道孔子是圣人，称其为东家丘。

② 《史记·孔子世家》记载，孔子任鲁国大司寇时，齐国害怕鲁国因此强大起来，就送女乐给鲁国国君和当权者季孙氏，使得鲁国国政荒废，孔子不得已离开鲁国。

③ 《论语·宪问》记载，孔子周游列国时，经过宋国时，宋国的司马魋想杀他。

④ 《论语·宪问》：“子路宿于石门。晨门曰：‘奚自?’子路曰：‘自孔氏。’曰：‘是知其不可而为之者与?’”又：“子击磬于卫。有荷蒉而过孔氏之门者，曰：‘有心哉！击磬乎！’既而曰：‘鄙哉！硁硁乎！莫己知也，斯己而已矣。’”

⑤ 语出《论语·微子》。

⑥ 语出《论语·微子》。

⑦ 语出《论语·宪问》。

乎？若其遁世无闷[①]，乐天知命[②]者，则固无入而不自得[③]，道并行而不相悖[④]也。

【老刘说】

这一段的引文太多，对没有古文基础的人来说，理解起来难度比较大，只能尽量试着让大家看懂，理解阳明先生要表达的意思。

阳明先生说，孔圣人在世的时候，诋毁诽谤孔子的人也是很多的，有人议论他是阿谀奉承之人，有人讥讽他是奸佞之人，有人贬低他根本算不上贤人，有人诋毁他不懂礼，邻居侮辱他是“东家孔丘”，有人妒忌他给他添堵，有人看他不顺眼想要杀了他。

孔子的弟子子路在石门落宿，有个看门人叫晨门，是个贤者，问子路从何处来，子路说他从孔子处来，晨门说：“我知道那个人，就是那个明知其不可为而为之的蠢货。”

荷蒉，朱熹集注：“此荷蒉者，亦隐士也。”后用为隐士之典。他认为孔子十四年游历各国的生活，宣扬的那一套主张，都是逆社会潮流的行为，毫无可取之处。他从孔子门前过的时候说：“别看孔子四处讲学，其实也是个没文化的人，又浅陋又固执，这样还想教化天下呀，还是早点儿洗洗睡了吧。”

“鄙哉硁硁乎！莫己知也，斯己而已矣。（没文化啊！铿铿作响的声音好像是在诉说世人都不懂你的心，就这样吧！）”

阳明先生说：“孔子的弟子里边，子路跻身于孔子的升堂入室弟子之列，尚且对孔子有过疑惑，并不完全认同孔子前行的方向，私下里也会认为孔子太过迂腐。由此看出，当时不信服孔子的又何止十之二三呢！

“然而孔子把精力放在弘道天下这件事情上，专注到就像寻找自己丢失的孩子一样，四处周游宣扬自己可以造福天下的学说，难道孔子只是为了一己之心，希望别人了解自己，相信自己吗？

---

① 语出《周易·文言·乾》。

② 语出《周易·系辞上》。

③ 语出《中庸》。

④ 《中庸》：“万物并育而不相害，道并行而不相悖。”

“孔子有视天地万物为一体的仁爱之心，犹如病痛在身，迫切想要恢复健康一样，就算是想要停下来，也是停不下来的。孔子一生专注在这项事业上，哪里还有那么多精力和心思去关心别人是否理解自己，是否相信自己？我现在想做的事情和孔子当年想做的事情是一样的呀！”

“吾非斯人之徒与而谁与？”在游历的路上，遇“长沮、桀溺耦而耕”。孔子让子路前去问路。桀溺知道子路是孔子的学生后，教育他说：“滔滔者天下皆是也，而谁以易之？且而与其从辟人之士也，岂若从辟世之士哉？”（天下乌鸦一般黑，谁能改变的了呢？你们老跟着孔丘东跑西跑，无非是为了避开某些没有仁义的人。我告诉你，现在是整个世界都没有仁义了，不如跟着我们避开这整个世界！）子路传话，夫子怃然曰：“鸟兽不可与同群，吾非斯人之徒与而谁与？天下有道，丘不与易也！”（鸟兽和人是没有办法同群的，道不同不相为谋，儒家是讲入世治世的，不和天下人同群还谈什么入世治世？正因为社会动乱、天下无道，我才与自己的弟子们不知辛苦地四处奔走，为大道行于天下而努力，如果大道早已行于天下，我还费这劲干什么？）

“欲洁其身而乱大伦”意思是如果有能力的人，都想着洁身自好，没有人以天下为己任了，整个社会就会一片混乱。所以我们这些有能力的人，要有天下兴亡匹夫有责的担当，像暗夜里的一支蜡烛，即使光线微弱，也要去发挥自己的光和热，这是为儒者该尽的本分。

荷蒉说孔子：“虽然你是个有心人，但是你太自不量力了，明知道做不到，还非要去做。好比涉水过河，浅的地方把裤脚挽起来就可以过去了，不至于湿到衣服，如果是水深的地方，你无论怎么拉着衣服，衣服还是要湿的，所以干脆还是不要过河了。”孔子说：“只要方向是对的，就算是衣服都湿了，我也还是要过河的。你逃避担当，不涉世事，的确容易得多，不会像我这样必须面对如此多的艰难险阻。”

最后阳明先生感慨说，那些没有真心视天地万物为一体的人，谁又能真正理解孔子的心呢？世上那些逃避自身责任，主动放弃了使命担当的人，自然可以逍遥自在，并且可以用“无入而不自得”和“道并行而不相悖”为自己的无所作为辩解。

阳明先生讲这些例子是说孔子当年的际遇和他一样，就算孔子是千古一圣，在世传道的时候也会遭受很多不解的诽谤。而他今天弘扬心学，正本清源，遭受一些非难和不解是再正常不过的了。人生总免不了毁誉参半，此处有获得，彼处就有失去，所以面对毁誉要心态平和。阳明先生最大的忧虑是圣人之道不传于世，至于“名利”二字，是不会对先生造成什么困扰的。

【171 -6】
儒者当援天下溺

【原文】

仆之不肖，何敢以夫子之道为己任？顾其心亦已稍知疾痛之在身，是以彷徨四顾，将求其有助于我者，相与讲去其病耳。今诚得豪杰同志之士，扶持匡翼，共明良知之学于天下，使天下之人皆知自致其良知，以相安相养，去其自私自利之蔽，一洗谗妒胜忿之习，以济于大同，则仆之狂病固将脱然以愈，而终免于丧心之患矣，岂不快哉？

嗟乎！今诚欲求豪杰同志之士于天下，非如吾文蔚者，而谁望之乎？如吾文蔚之才与志，诚足以援天下之溺者，今又既知其具之在我，而无假于外求矣，循是而充，若决河注海，孰得而御哉！文蔚所谓"一人信之不为少"，其又能逊以委之何人乎？

会稽素号山水之区，深林长谷，信步皆是，寒暑晦明，无时不宜，安居饱食，尘嚣无扰，良朋四集，道义日新，优哉游哉，天地之间，宁复有乐于是者？孔子云："不怨天，不尤人，下学而上达。"[①] 仆与二三同志方将请事斯语，奚暇外慕？独其切肤之痛，乃有未能恝然者，辄复云云尔。

咳疾暑毒，书札绝懒，盛使远来，迟留经月，临歧执笔，又不觉累纸，盖于相知之深，虽已缕缕至此，殊觉有所未能尽也。

---

① 语出《论语·宪问》。

【老刘说】

阳明先生说："我资质很平庸，和孔夫子是没办法比的，哪里敢说以孔圣人的大道为己任呢？整个世界和我是一体的，如果把世界比喻成一个身体的话，我就是身体的心。这个身体的疾痛，我是感同身受的。彷徨四顾，特别希望能有更多志同道合的人，一起倡明良知之学于天下，使天下的人都懂得致自己的良知，共勉共进，去除各自的私欲，将人性中阴暗的一面剔除干净，将不好的东西都去除掉，还天下一个朗朗乾坤，只有这样才能天下大同。

"像文蔚您的才能和志向，真的足以挽救陷溺于私欲之蔽的天下众生。如果我们共同努力，团结更多的同道来做这件事情，遵循内求于心的原则去推广扩充，良知之学就会像决堤之水奔向大海，谁还能阻止住这滚滚洪流呢？

"像您说的那样，一个人真信也不算少。倡明此学的责任，您就不要推脱了。

"会稽山素来有名。山林幽深，峡谷蜿蜒，气候适宜，无尘世之喧嚣，志同道合的人相聚于此，共同坐而论道，日有进步，岂不快哉！孔子说：'不怨天，不尤人，下学而上达。'吾辈弘道天下，虽艰难险阻，亦应有如此心态。

"我最近身体不是很好，随着暑热的来临，咳嗽的毛病越来越严重，情况也越来越不好，提笔写字越来越困难。您派来的信使，在此逗留个把月，临走时我提起笔给您写这封信，啰啰唆唆写了这么多，依然是纸短情长，意犹未尽。"

阳明先生写这封信的时候，距离生命终点已经非常近了，阳明先生写这封信，既有人之将死其言也善的意味，也有与相知之人表白心迹的意思。同时以当时他和聂文蔚的名声和地位，这封书信的内容必然会被传播开来，他也是借这封信，向全天下表明自己弘扬圣学的拳拳之心。

二[①]

【172 - 1】
必有事焉和集义

【原文】

得书，见近来所学之骤进，喜慰不可言。谛[②]视数过，其间虽亦有一二未莹彻处，却是致良知之功尚未纯熟，到纯熟时自无此矣。譬之驱车，既已由于康庄大道之中，或时横斜迂曲者，乃马性未调，衔勒不齐之故，然已只在康庄大道中，决不赚入傍蹊曲径矣。近时海内同志，到此地位者曾未多见，喜慰不可言，斯道之幸也！贱躯旧有咳嗽畏热之病，近入炎方，辄复大作。主上圣明洞察，责付甚重，不敢遽辞；地方军务冗沓，皆舆疾从事。今却幸已平定，已具本乞回养病，得在林下稍就清凉，或可瘳[③]耳。人还，伏枕草草，不尽倾企。外惟濬[④]一简，幸达致之。

来书所询，草草奉复一二。

---

① 这封信是王阳明给好友聂文蔚的第二封信，也是王阳明的绝笔书信。嘉靖七年（1528）十月写于广西。其时王阳明肺病再度加剧，遂上疏告归故里，十一月二十九日，归途中病逝于江西南安。聂豹来信见《聂双江集》。

② 谛：仔细。

③ 瘳（chōu）：病愈。

④ 惟濬（jùn）：陈九川（1495—1562），字惟濬，号明水，江西临川人，学者，官礼部郎中。

【老刘说】

这是阳明先生给聂文蔚写的第二封信，时间是嘉靖七年，地点是广西，这时候先生的肺病已经很严重了，写这封信的时候，人已经坐不起来，只能“伏枕草草”，这封信之后一个多月，阳明先生就辞世了。

圣人对自己的事情是有预感的，先生已经感觉到自己生命将尽，最放不下的是圣学之道是否后继有人。聂文蔚无论是悟性还是影响，都是非常理想的可以继承衣钵的人选，所以先生抱病回信。

“我仔细看了你的来信，整体没什么大问题，有那么一两处还是没有太通透，是因为你对致良知的功夫还没有达到纯熟的程度，假以时日，等到纯熟了，就完全顺畅了。你现在的阶段，就像在平坦的大路上驾车，就算有些不顺当，也是还没调教好马的习性，套车的绳子不整齐造成的，都是纤芥之疾，不是什么大问题。现在还没有完全习惯在大路上走，但这只是一个时间问题，你只需要多走一走，也就差不多了。既然已经上大路了，就不会再拐到小路上去了。海内这方面达到这个水平的人实在不多，我欣喜快慰之情难以言表，这也是圣人之道的幸运啊！

“我现在身体不是很好，一热就咳嗽，在这个炎热的地方经常复发，身体比较难挨。圣上托付的责任重大，不敢懈怠，地方上军务繁忙，只好带病处理。幸好现在动乱已经平定，地方公务处理得差不多了，我的身体每况愈下，已经给圣上上书，希望可以早日回家养病，如果能到稍微清凉的地方养病，也许能够痊愈吧。

“我现在没办法坐着写字，只能趴在枕头上给你写这封信，你接到这封信后，也给陈九川分享一下。”

【172－2】
集义就是致良知

【原文】

近岁来山中讲学者，往往多说“勿忘、勿助”工夫甚难，问之，则云才著意便是助，才不著意便是忘，所以甚难。区区因问之云：“忘是忘个甚么？助是助个甚么？”其人默然无对，始请问。区区因与说，我此间讲学，却只说个“必有事焉”，不说“勿忘、勿助”。“必有事焉”者，只是时时去“集义”。若时时去用“必有事”的工夫，而或有时间断，此便是忘了，即须“勿忘”；时时去用“必有事”的工夫，而或有时欲速求效，此便是助了，即须“勿助”。其工夫全在“必有事焉”上用；“勿忘、勿助”只就其间提撕警觉而已。若是工夫原不间断，即不须更说“勿忘”；原不欲速求效，即不须更说“勿助”，此其工夫何等明白简易！何等洒脱自在！今却不去“必有事”上用工，而乃悬空守着一个“勿忘、勿助”，此正如烧锅煮饭，锅内不曾渍水下米，而乃专去添柴放火，不知毕竟煮出个甚么物来！吾恐火候未及调停，而锅已先破裂矣。近日一种专在“勿忘、勿助”上用工者，其病正是如此。终日悬空去做个“勿忘”，又悬空去做个“勿助”，漭漭荡荡，全无实落下手处，究竟工夫，只做得个沈空守寂，学成一个痴呆汉，才遇些子事来，即便牵滞纷扰，不复能经纶宰制。此皆有志之士，而乃使之劳苦缠缚，担阁一生，皆由学术误人之故，甚可悯矣！

【老刘说】

这几年来山中讲学的人，常常说“勿忘、勿助”的功夫很难。问具体难在什么地方，回答说：“才有点儿意思在上面就是‘助’了，才不着意思，就是‘忘’了，这个度实在太难把握了，所以很难”。进一步问对方：“忘是忘个什么？助是助个什么？”对方就无言可答了。于是请阳明先生解答一下。

阳明先生说：“我讲学的时候，只说一个‘必有事焉’，却不说‘勿忘、勿助’，‘必有事焉’就是时时去‘集义’。如果在想时时不间断做功夫的情况下，中间出了间断，就是‘忘’，这个时候就用得上‘勿忘’的功夫了；同样，在时时不间断做功夫的情况下，想求速效，这就是‘助’了，此时就用得上‘勿助’的功夫了。

“这两种功夫都要围绕着‘必有事焉’来用。‘勿忘、勿助’只在其中起着匡扶警醒的作用。如果做功夫没有间断，就不用另外说‘勿忘’；没有求速效的想法，就不用另外说‘勿助’。学问功夫本来就是明白简易的。”

偏离了“必有事焉”，空守着一个“勿忘、勿助”，就如同烧锅煮饭，锅里什么都没有，却一个劲儿去添柴加火，怎么能做出一锅好饭呢？最后的结果，估计就是锅烧废了。这段十分清晰地把“勿忘、无助”和“必有事焉”的关系说清楚了。

一味在“勿忘、勿助”上用功的人，整日凭空去做一个“勿忘”“勿助”的功夫，却完全没有实际的下手之处，到头来只会落个死守空寂，无法真正地提升心性。碰到具体的事情就会心烦意乱，不能妥善处理好。有这个毛病的人很多还是矢志不渝的有志之士，因为在这点上认知不清，而耽误一生，实在是太可惜了！

【原文】

夫“必有事焉”只是“集义”，“集义”只是“致良知”。说“集义”则一时未见头脑，说“致良知”即当下便有实地步可用工。故区区专说“致良知”，随时就事上致其良知，便是“格物”；著实去致良知，便是“诚意”；著实致其良知，而无一毫“意”“必”“固”“我”，便是“正心”，著实致良知，则自无“忘”之病，无一毫意必固我，则自无“助”之病。故说“格、致、诚、正”，则不必更说个“忘、助”。孟子说“忘、助”，亦就告子得病处立方。告子强制其心，是“助”的病痛，故孟子专说助长之害，告子助长，亦是他以义为外，不知就自心上“集义”、在“必有事焉”上用功，是以如此，若时时刻刻就自心上“集义”，则良知之体洞然明白，自然是是非非纤毫莫遁，又焉有“不得于言，勿求于心，不得于心，勿求于气”[①] 之弊乎？孟子“集义”“养气”之说，固大有功于后学，然亦是因病立方，说得大段，不若《大学》“格、致、诚、正”之功，尤极精一简易，为彻上彻下，万世无弊者也。

【老刘说】

阳明先生说，“必有事焉”其实就是“集义”，“集义”其实就是“致良知”，即必有事焉＝集义＝致良知，这三个是可以画等号的。阳明先生认为“致良知”是最容易下手的地方。

“集义”指时时处处做出适宜的事情。说“集义”不太容易找到用功的着力点，而说“致良知”就很容易让人找到用功的方法。

随时在具体的事上致良知，就是格物；脚踏实地去致良知，就是诚意；脚踏实体致良知而无丝毫的意、必、固、我，就是正心。

脚踏实地致良知，时时存养没有间断，自然不会有“忘”的毛病；没有一丝一毫急于求成的“意必固我”之心，自然就没有“助”的毛病。因此，说到“格、致、诚、正”，不必另外再说“勿忘、无助”。

入世治世的“致良知”，一个很不容易的点，是对自己的判断。“知行合一”首先是自知，自知做不到，知行合一就很难真正做到。有句俗语是“眼大肚子小”，意思是，做饭时觉得应该多做些（眼大），实际上却吃不了那么多（肚小），就是对自己能吃多少没有准确判断的结果。

上篇 37 节“澄尝问象山在人情事变上做工夫之说”中，阳明先生说过“除了人情事变，则无事矣”。学问功夫最终面对的核心问题还是自己。儒家

① 语出《孟子·公孙丑上》。

修身面对的是“修、齐、治、平”，而不仅仅局限于独善其身这个点上。能忠实履行良知的人和不能忠实履行良知的人的差别，在于他们所做的事是否符合人伦常理和道德标准。

孟子说“勿忘、勿助”，是针对告子的病痛开出来的方子。告子的助长是因为他把“义”当成外面的事情，不知道内求“集义”，在“必有事焉”上用功，所以才有了助长的毛病。

如果时时刻刻就自己心上“集义”，内外通透无遮蔽，自然是清清爽爽，是是非非清清楚楚明明白白，心体必然廓然大公，私欲无所匿形，哪里还会有什么“不得于言，勿求于心，不得于心，勿求于气”的毛病呢?

孟子“集义”“养气”的说法，虽然对后来做心性功夫的人大有功德，但这么说也是针对个体症状给出的治病药方，只算是说个大概。《大学》中说的“格物、致知、诚意、正心”则是精一简易，一以贯之，经得起千秋万代的检验。

私欲是没有尽头的，所谓欲壑难填，欲望是没有止境的，用毕生去追求一个没有止境的事情，最后结果只能是累死在路上。如同吸毒的人，在兴奋中越来越疲劳，最后是一条不归路。

心性功夫是内求的，也就是之前讲过的精一之功。人幸福或是不幸福，不是由外部的事物来决定的，而是由内心决定的。“不以物喜，不以己悲”，就是一种不为万物所累的人生态度。

【172－3】
“文字障”的妨害

【原文】

圣贤论学，多是随时就事，虽言若人殊，而要其工夫头脑若合符节。缘天地之间，原只有此性，只有此理，只有此良知，只有此一件事耳。故凡就古人论学处说工夫，更不必搀和兼搭而说，自然无不吻合贯通者；才须搀和兼搭而说，即是自己工夫未明彻也。近时有谓“集义”之功，必须兼搭个“致良知”而后备者，则是“集义”之功尚未了彻也。“集义”之功尚未了彻，适足以为“致良知”之累而已矣。谓“致良知”之功必须兼搭一个“勿忘、勿助”而后明者，则是“致良知”之功尚未了彻也；“致良知”之功尚未了彻，适足以为“勿忘、勿助”之累而已矣。若此者，皆是就文义上解释牵附，以求混融凑泊，而不曾就自己实工夫上体验，是以论之愈精，而去之愈远。

【老刘说】

阳明先生说，圣贤论学的时候，很多时候是就事论事，对症下药，即有个适用范围。抛开这个范围谈绝对正确，就是强词夺理玩文字游戏了。引用一段关于真理和谬论的论断“真理具有相对性，是有条件的。任何真理都有自己适用的条件和范围，超出这个条件和范围，真理就会变成谬误”。比如，常识中人是不能飞的，但在失重环境下，人也是能飞的，抛开这个背景环境，说人能飞就是胡扯了。

每个人看事物都会局限于自己的阅历、知识构成、认知水平等因素，同样的事物在不同人的眼里并不是同样的，千人千面是非常正常的事情。比如《红楼梦》，从这部书问世以来，对于它的解读就层出不穷，各种流传的版本也让读者眼花缭乱。小儿小女在这部书里，看到的是两小无猜，无故寻愁觅恨；美食家在这部书里，看到的是奇食怪谱，如果不是曹公亲自下厨，恐怕再敏感的舌尖也无法品尝到这些美食真正的味道；建筑师从这部书里，看到的是中国传统建筑的全貌，雕梁画栋与茅屋村舍并存；文人墨客从这部书里，看到的是失传了的渊源文化；政治家从这部书里看到了权力游戏的规则，等等。

圣贤所说的话，好像各不相同，但他们所说的要旨是相同的。孔子也好，孟子也好，阳明先生也好，讲的功夫要旨都是相同的，因为天地之间只有这么一个“性”，只有这么一个“天理”，只有这么一个“良知”，这是万古不变的。“吾道一以贯之”只有一个“一”。因此，无论怎么说，都是万变不离根本的事情，只要谈论到为学功夫，自然就吻合贯通。如果理解得前后矛盾，就表明自己还没有彻底明白。

有人说做“集义”功夫，必须要搭配着“致良知”才算完整；做“致良知”功夫，必须搭配上一个“勿忘、勿助”，然后才算明彻。说这话的人都是功夫不够透彻，只在文义上牵强附会，汉字在古文中，一词多义的情况非常常见，如果没有一个核心的主线，只是按照字面的意思去解析，必然会产生混乱，你按照你的理解解析，我按照我的理解解析，最后就成一锅浆糊了。认真做实修功夫，用自己的身心去检验，才是正途，否则只会越偏越远。我们在上篇前言中说过，不要用逻辑推理的方式学心学，会缘木求鱼，道理就在于此。

“天理”洞悉之后，在实际治世中，要懂得权变，而不是墨守成规，只有对形势的特点有了准确的判断之后，才能制定出与之相适应的政策，当宽则宽，当严则严。否则，不明形势随意施政，则政策无论“宽”或“严”，都是注定要出现失误的。

三国时代，刘备入蜀之初，法正就曾劝诸葛亮要学习刘邦“高祖入关，约法三章”，“缓刑弛禁，以慰其望”，即应先施恩惠，放宽刑罚，以收人心。诸葛亮通过对蜀地实际形势的分析，却得出了与法正相反的结论。他在《答法正书》中指出，刘备入蜀与当年高祖刘邦入咸阳所面临的是两种完全不同的时代背景。秦朝暴政苛税，高祖法宽，故能顺应人民的意愿。但蜀中刘璋暗弱，以致形成了德政不举、威刑不肃，蜀中豪强专权自恣的散漫局面，如再一味施行恩惠，只会纵容姑息，荒废了君臣之道。对此，只能“威之以法”“限之以爵”，这样才能使人们感到恩惠之不易、禄位之可贵，从而令上下有节，人人守法，以达到社会安定、国家大治之目的。因此，诸葛亮镇压蜀中反叛势力毫不手软，处理一些违纪官员也十分果断。而蜀国经过诸葛亮这样一番严刑峻法治理之后，不但没有发生动乱，反而出现了“吏不容奸，人怀自厉，道不拾遗，强不侵弱，风化肃然”（陈寿语）的社会景象。而对诸葛亮本人，也是“邦域之内，咸畏而爱之，刑政虽峻而无怨者”。

【原文】

文蔚之论，其于大本达道既已沛然无疑，至于“致知”“穷理”及“忘、助”等说，时亦有搀和兼搭处，却是区区所谓康庄大道之中，或时横斜迂曲者，到得工夫熟后，自将释然矣。

【老刘说】

阳明先生接着说：“文蔚你的水平已经对‘大本达道’洞彻无疑了，至于像‘致知’‘穷理’‘勿忘、勿助’等说法，只是对‘大本达道’的补充。

“你现在已经行走在康庄大道上了，只是有时还会迂回曲折，等到功夫纯熟以后，自然就不会有这种情况了。”

这部分讲的是“吾道一以贯之”，只要领会了主旨，怎么说都对，如果不能领会主旨，怎么说都错。很多人喜欢在字面上钻研儒学，却忽略了根本，一本经书，万种解释，不通根本就是歧路亡羊。把学问当成懂得“茴香豆”的“茴”字有四种写法，就是堕入了所知障，想再爬出来，就不容易了。这正是学习心学最容易陷入的一个误区。

【172－4】
良知根本在诚意

【原文】

文蔚谓“致知”之说，求之事亲、从兄之间，便觉有所持循者，此段最见近来真切笃实之功。但以此自为不妨，自有得力处，以此遂为定说教人，却未免又有因药发病之患，亦不可不一讲也。

盖良知只是一个天理自然明觉发见处，只是一个真诚恻怛，便是他本体。故致此良知之真诚恻怛以事亲便是孝，致此良知之真诚恻怛以从兄便是弟，致此良知之真诚恻怛以事君便是忠，只是一个良知，一个真诚恻怛。若是从兄的良知不能致其真诚恻怛，即是事亲的良知不能致其真诚恻怛矣；事君的良知不能致其真诚恻怛，即是从兄的良知不能致其真诚恻怛矣。故致得事君的良知，便是致却从兄的良知；致得从兄的良知，便是致却事亲的良知。不是事君的良知不能致，却须又从事亲的良知上去扩充将来。如此又是脱却本原，著在支节上求了。良知只是一个，随他发见流行处，当下具足，更无去来，不须假借。然其发见流行处，却自有轻重厚薄，毫发不容增减者，所谓“天然自有之中”[①] 也。虽则轻重厚薄，毫发不容增减，而原又只是一个。虽则只是一个，而其间轻重厚薄，又毫发不容增减。若可得增减，若须假借，即已非其真诚恻怛之本体矣。此良知之妙用，所以无

① 语出《二程集·河南程氏遗书》。

方体，无穷尽，语大天下莫能载，语小天下莫能破者也。[1]

【老刘说】

阳明先生说：“你的信中，认为致知的功夫，从孝悌中可以求证，可以找到具体的着力点，用功有所依循。可以看出这是经过你的实践检验，的确可用的真切笃实功夫。但这只是你自己的经验，可以给别人借鉴，不能让别人照搬照抄，如果认为这就是定论了，很容易药不对症引发隐患。这是非常慎重的事情，不得不说一下。”

心学实践是在入世治世中应对人情事变，经权之道是必须要说的。经权之道，讲究的是有所变、有所不变，不能绝对地变，也不能绝对不变。“经”是“常道”的意思，是必须坚守的原则。“权”指“权宜应变”，为了适应当前境遇，不得不有所变更，以求制宜。所谓“不得不”，是指当没有必要改变的时候就不变。一切道理，都必须配合时间和空间而调整。配合时空不是变，而是调整。注意是调整，不是改变，原来的原则不变，只是“应时而造道”。

每个人都是独一无二的，天资禀赋不同，成长阅历不同，诸般不同的结果导致人的千差万别。所谓“吾之良药彼之砒霜”，同样是青霉素，对细菌性感染的病人来说是救命神药，但对青霉素过敏的人来说，就是致命的毒药。

良知说到根本，只是天理落在心之本体上，只是一个真诚恻怛，除此没有别的了。“恻怛”在这里是“恳切”的意思。良知的本体就是一个“诚”字。以“诚”字致良知，落到奉养双亲上就是孝；落到敬爱兄长上就是悌；落到辅佐君主上就是忠。只是一个真诚恳切而已。

良知只是一个天理，自然明觉的显现只是一个真诚恻怛，孝亲、从兄、事君的先后顺序，是因人而异的，也是因具体情况而异的，是不分先后顺序的。最核心的原则就是把良知放在首要位置上。

从形式上看，孝亲、从兄、事君是三种不同的事情，但共同点是“真诚恻怛”，如果没有“真诚恻怛”，就都是伪行了。“良知”最重要的性质——“诚意”，“意”诚了，良知自然能得其用，“意”诚了，良知显现和作用之处自然会恰中事理，不需任何增减。

---

① 《中庸》：“故君子语大，天下莫能载焉；语小，天下莫能破焉。”

这三件事中间并没有递进关系，没有谁先谁后，更不能理解成先有致事亲的良知，然后才有致事君的良知，这么理解就又脱离了本原，偏到细枝末节上求了。

良知只有一个，是当下具足的，不分过去未来。虽然良知的显现和作用处有不容丝毫增减的重轻厚薄的分别，但这是自然流行的事情。如果刻意增减，就已经不是真诚恻怛的本体了。这就是“天然自有之中”。良知的妙用是无穷尽的，即“语大，天下莫能载；语小，天下莫能破”。

《河南程氏遗书》说：“杨子拔一毛不为，墨子又摩顶放踵为之，此皆是不得中。至如子莫执中，欲执此二者之中，不知怎么执得？识得则事事物物上皆天然有个中在那上，不待人安排也。安排著，则不中矣。”

意思是：杨子主张为我，墨子主张兼爱，子莫主张执中。都是执着于一点，加上了人的意思。“道”本身就在那里，不需要加上人的意思，只要能合道而行，就是“中”了。

《中庸》“语大，天下莫能载；语小，天下莫能破”，意思是“良知的妙用，说到大，天地都装得下；说到小，可以小到再也无法分割”。天理浩浩汤汤，充斥于宇宙，大到超越空间和时间的极限。即便在微小到无法分割的地方，依然有天理充盈。修心性功夫就是让天理落在心之本体上，让良知充盈起来，生生不息。

致良知是从最核心的“真诚恻怛”出发的，良知只有一个。孝亲、从兄、事君这三件事中的致良知，只要不偏离根本就可以。无论孝亲、从兄、事君形式上如何变化，根本点是一样的，就是一个“诚意”。心无诚意，拉个架势给别人看，就是虚伪。意诚了，良知的显现和作用之处自然就恰到好处，发而皆中节。

【172－5】
行仁之本

【原文】

孟氏“尧、舜之道，孝弟而已”者，是就人之良知发见得最真切笃厚、不容蔽昧处提省人。使人于事君、处友、仁民、爱物，与凡动静语默间，皆只是致他那一念事亲、从兄真诚恻怛的良知，即自然无不是道。盖天下之事虽千变万化，至于不可穷诘，而但惟致此事亲、从兄一念真诚恻怛之良知以应之，则更无有遗缺渗漏者，正谓其只有此一个良知故也。事亲、从兄一念良知之外，更无有良知可致得者。故曰：“尧、舜之道，孝弟而已矣。”此所以为“惟精惟一”之学，放之四海而皆准，施诸后世而无朝夕者也。

文蔚云：“欲于事亲、从兄之间，而求所谓良知之学。”就自己用工得力处如此说，亦无不可；若曰致其良知之真诚恻怛以求尽夫事亲、从兄之道焉，亦无不可也。明道云：“行仁自孝、弟始。孝、弟是仁之一事，谓之行仁之本则可，谓是仁之本则不可。”[①] 其说是矣。

【老刘说】

孟子说“尧、舜之道，孝弟而已”，仅从字面意思理解，是一个人只要做到孝顺父母、敬爱兄长，就合乎尧舜之道了。实际上，孟子说的尧舜之道是指隐藏在“孝弟”之后的真诚恻怛之心。是从人的良知显现得最真切笃厚、

① 语出《二程集·河南程氏遗书》，原为程颐所说，此处误以为是程颢（明道）的话。

不容蒙蔽的地方提醒人，让人在应对人情事变和日常动静语默中，都保持一个念头——致真诚恻怛的良知，如此就是自然而然的天人合一之道。

社会伦理关系中，有纵横两条线，上下关系是纵线，譬如孝亲事君，平行关系是横线，譬如兄友弟恭。五伦关系也只是纵横两条线的事情，纵横向都做好了，也就自然而然可以应对人情事变了。

天下之事虽然千变万化，无穷无尽，但只要用这个真诚恻怛的良知去应对，就不会有遗失疏漏的情况。良知只有一个，除了真诚恻怛之外，再没有别的良知可致了。

所以孟子说的“尧、舜之道，孝弟而已”，就是“惟精惟一”的学问，是放之四海而皆准，永远都不会过时的真理。

“文蔚你说‘欲于事亲、从兄之间，而求所谓良知之学。’从你自己用功的得力之处来说，是对的。从致其良知的真诚恻怛中求得尽到孝悌之道，也是对的。”

“行仁自孝、弟始。孝、弟是仁之一事，谓之行仁之本则可，谓是仁之本则不可”，这句话实际是程颐说的，不是程颢说的。阳明先生肯定了这句话是对的。

“行仁之本”和“仁之本”是不一样的，不能混为一谈。“行仁之本”意思是“行仁这个行动的根源”，“行仁”是动词，“仁”是名词，朱熹在《论语集注》释“盖仁是性也”“性中只有个仁、义、礼、智四者而已”。所以，“仁”的内涵中，是包括“仁、义、礼、智”四者的，而不仅仅包括“仁”。

阳明先生引用这句话，实际上是告诉聂文蔚，良知里当然包含了“仁”的意思，但也包括了“义”“礼”“智”。

阳明先生在江西平乱、赣南平贼，用的各种手段，都是符合阴阳之道的。良知是要兼顾仁、义、礼、智这四项的。阳明先生在赣南剿匪杀了很多人，有人以此诟病先生，认为阳明先生所为，非读圣贤书的人该做的事情。这样说的人，还没有看清楚大道究竟是什么。

“礼”通“理”，事物的规律，是非得失的标准，天地的秩序；“智”字，黄石公云：“贤人君子，明于盛衰之道，通乎成败之数，审乎治乱之势，达乎去就之理。”用白话说，就是能看清楚真相，解决实际问题的办法。

阳明先生赣南剿匪所作所为是符合天理的，是解决了具体实际问题的，是对万民有利的，是大“仁”，而不是小“仁”。

【172－6】
大智慧的所在

【原文】

“亿、逆、先觉”之说，文蔚谓：“诚则旁行曲防[①]，皆良知之用。”甚善甚善！间有搀搭处，则前已言之矣。惟濬之言，亦未为不是，在文蔚须有取于惟濬之言而后尽，在惟濬又须有取于文蔚之言而后明。不然，则亦未免各有倚著之病也。舜察迩言[②]而询刍荛[③]，非是以迩言当察，刍荛当询，而后如此，乃良知之发见流行，光明圆莹，更无挂碍遮隔处，此所以谓之大知；才有执著意必，其知便小矣。讲学中自有去取分辨，然就心地上着实用工夫，却须如此方是。

【老刘说】

“亿”“逆”“先觉”出自《论语・宪问》，原话是“不逆诈，不亿不信，抑亦先觉者，是贤乎”。引用两位学者的翻译，帮助大家理解。

钱穆译——孔子说：“不在事前逆测人诈我，不在事前揣想人对我有不信，但临事遇人有诈与不信，亦能先觉到，这不是贤人吗?”意思是不事先推定别人心存恶意，也不事先揣测别人对我不相信，但遇到事情的时候，对于诈与不信我能预先感觉得到。这个状态我们之前讲过，就是“冲漠无朕，万象森然已具”，而最后这句“是贤乎”，就是反问“这不是贤人吗”的意思。

---

① 防：施本、俞本作“行”。

② 迩言：《中庸》第六章有“舜好问而好察迩言（浅近之言）”。

③ 刍荛（chú ráo）：割草打柴的人。

杨伯峻译——孔子说："不预先怀疑别人的欺诈，也不无根据地猜测别人的不老实，却能及早发觉，这样的人是一位贤者罢！"

综合两位的理解：我不恶意去猜测别人，也不先入为主地认为别人恶意地猜测我，但当我碰到具体事情的时候，我就能感觉得到对方对我是否有恶意，说的话是真是假。达到这种程度，就已经是贤人了。

"诚则旁行曲防，皆良知之用"的"旁行曲防"在其他版本也写成"旁行曲行"。"旁行"是"应时而造道"的意思。最直接的方式无法做到，通过曲线的方式达到目的。比如这条大马路本来是可以直接过去的，最近在修路，只能从旁边绕过去。"曲防"的意思基本差不多，直接防御可能防不住，换个角度，从侧面来防御。"旁行曲防"指在人情事变中，太直接容易把事情办砸了，要注意方式方法妥当。

聂文蔚讲的意思是，做事要坚持最核心的一点——坚持良知不变，方式方法是可以灵活变通的。

汉武帝的时候有个宠臣东方朔，这个人诙谐幽默，是以弄臣的方式上位的。东方朔一辈子没有得到重用，平生也没太多可圈可点的地方，但和汉武帝君臣多年，对汉武帝的施政举措有很多正向的影响。比如修上林苑这件事，劝说武帝体恤民情；昭平君杀人这件事情上，汉武帝采纳了他的建议公正执法。

他诙谐搞笑，不管所谓正人君子的讪笑侧目，用一种看似荒诞，实际高超的进谏方式，而不是搞"文死谏"的冒死抗争。其于国于民于己，都做到了问心无愧，此正是良知之用的体现。

相反，以汉武帝的刚愎自用，如果他像言官一样搞"以死相谏"，搞得皇帝最后下不来台，那就只剩下两个选择：要么皇帝认错，收回成命；要么皇帝杀他，证明自己没错。这显然不是解决问题的好办法。

阳明先生说："文蔚你说得很对，有这样的认识高度非常好。你和惟濬各有所长，应该多互相交流，同道为鉴，这样才能更好地共同进步。"

惟濬就是陈九川，惟濬是他的字，号竹亭，后号明水。江西临川人，明中期理学家、诗人，最高官至太常博士。陈明水先生是阳明后学的重要代表之一，他与邹东廓、欧阳南野、聂双江、魏水洲等人一起推动了江右王学的兴起，是江右王学中"最着于师门者"。他的著作被后人收集，编为《明水文集》，清修《四库全书》为其存目。

每个人的成长经历不同，对自然的认知也不同。同样一棵树，在厨师眼里是烧火的材料，在木匠眼里是做家具的材料。互相印证，看到的世界才会更客观。文人相轻对个人成长是没有任何帮助的，心有敬畏才是根本。

圣人舜帝有事情也是会请教别人的，甚至有时候会问割草打柴这种不识字的粗人。舜这样做是因为良知的显现运用，光明圆莹，没有任何一点障碍和阻隔，这就是被称为“大知”的原因。只要带了一点执着和“意必”，这个“知”就小了。在讲学中，自然有取舍和分辨，但是，在心地上切实用功，只有这样才行。

大道至简，真正的智慧往往存在于平实之中。时时心有敬畏，人生必然会多个“吉”字，真正的大智慧往往是很简单的，只是持之以恒不容易。

【172－7】
为学的次第

【原文】

“尽心”三节，区区曾有“生知、学知、困知”之说，颇已明白，无可疑者。盖尽心、知性、知天者，不必说存心、养性，事天，不必说夭寿不贰，修身以俟，而“存心养性”与“修身以俟”之功已在其中矣。存心、养性、事天者，虽未到得尽心、知天的地位，然已是在那里做个求到尽心、知天的工夫，更不必说“夭寿不贰、修身以俟”，而“夭寿不贰、修身以俟”之功已在其中矣。譬之行路，尽心、知天者，如年力壮健之人，既能奔走往来数千百里之间者也；存心、事天者，如童稚之年，使之学习步趋于庭除之间者也；“夭寿不贰、修身以俟者，如襁抱之孩，方使之扶墙傍壁，而渐学起立移步者也。既已能奔走往来数千里之间者，则不必更使之于庭除之间而学步趋，而步趋于庭除之间，自无弗能矣；既已能步趋于庭除之间，则不必更使之扶墙傍壁而学起立移步，而起立移步自无弗能矣。然学起立移步，便是学步趋庭除之始；学步趋庭除，便是学奔走往来于数千里之基，固非有二事，但其工夫之难易则相去悬绝矣。心也，性也，天也，一也。故及其知之、成功则一，然而三者人品力量，自有阶级，不可躐等[①]而能也。

细观文蔚之论，其意以恐尽心、知天者，废却存心、修身之功，

① 躐（liè）等：不按次序，逾越等级。

而反为尽心、知天之病；是盖为圣人忧工夫之或间断，而不知为自己忧工夫之未真切也。吾侪用工，却须专心致志，在夭寿不贰、修身以俟上做，只此便是做尽心、知天功夫之始；正如学起立移步，便是学奔走千里之始。吾方自虑其不能起立移步，而岂遽虑其不能奔走千里，又况为奔走千里者而虑其或遗忘于起立移步之习哉！文蔚识见本自超绝迈往，而所论云然者，亦是未能脱去旧时解说文义之习，是为此三段书分疏比合，以求融会贯通，而自添许多意见缠绕，反使用工不专一也。近时悬空去做勿忘、勿助者，其意见正有此病，最能耽误人，不可不涤除耳。

【老刘说】

《孟子·尽心篇》关于“尽心知天，存心事天，夭寿不贰、修身以俟”在上篇中已经详细解析过。阳明先生又做了进一步的解析，根据天资禀赋的不同把人分成三类。第一类是生而知之，也就是尽心知性知天的人；第二类是学而知之，也就是存心养性事天的人；第三类是困而知之，也就是夭寿不贰、修身以俟这类人。三者之间是从上到下的关系，居于上层的就不必再做下层的功夫了。

阳明先生打了个比方，尽心、知天的人相当于壮年人，身体健壮，百米随随便便就能跑个 12 秒，这类人去搞个田径，走走长路，做点儿重体力活儿是没问题的。存心、事天的人，就像两三岁的小孩子，还走不了长路，更跑不了百米，只能在父母看着的时候在院子里走一走，上马路都需要父母牵着手，以防被车碰到。“夭寿不贰，修身以俟”的人相当于扶着墙练习站稳和挪步的一岁左右的小孩。让身体健壮的人每天扶着墙学习如何站稳，练习怎么挪步是没意义的；让这类人像两三岁的小孩子一样过马路还让人牵着，也是没意义的。同样的道理，两三岁的孩子也没有必要让他每天扶着墙学习如何站稳和挪步。但是，学习站稳和挪步是蹒跚学步的基础，蹒跚学步是走长路的基础。为学次第不同，难易程度不同，这个道理很浅显易懂。

心、性、天是同一个东西，所以在致良知的时候，结果是完全一致的。因为人天资禀赋的不同，三类人的修为和力量自有等级差别，不能不按次序，逾越等级。

阳明先生说："文蔚，你过于担心尽心、知天的人，废去了存心、修身的功夫，反而会在尽心、知天上产生毛病。这就像忧虑圣人做功夫会有间断一样，等于是想多了。"

平常人用功，应该要专心致志在"夭寿不贰、修身以俟"上，这样做就是尽心、知天功夫的起始。蹒跚学步就是学习奔走千里的起始。这个时候，应该忧虑的是当下的站稳和挪步，而不是担心可以奔走千里的人是否忘记了如何站稳和挪步。

阳明先生最后做了个总结说："文蔚，你这个人很聪明，前无古人后无来者，你心学的水平和天资禀赋我是非常认可的，毫不怀疑你能将心学发扬光大。但你有解说文义的习惯，我要提醒一下你。

"你把这三部分进行分析、梳理、比较、综合，以求融会贯通，结果反而使功夫不能专一精纯。文字能携带的信息量很有限，不能因为文字的缘故而偏离心性功夫的根本。

"那些凭空去做'勿忘、勿助'功夫的人，也存在同样的问题，我很担心这个弊端会传递下去以致影响后来学习的人，所以不得不强调一下。对心性功夫来讲，这个弊端一定要剔除得干干净净才可以。"

【172－8】
谦谦君子温润如玉

【原文】

所谓“尊德性而道问学”一节，至当归一，更无可疑。此便是文蔚曾著实用工，然后能为此言。此本不是险僻难见的道理，人或意见不同者，还是良知尚有纤翳潜伏，若除去此纤翳，即自无不洞然矣。

已作书后，移卧檐间，偶遇无事，遂复答此。文蔚之学既已得其大者，此等处久当释然自解，本不必屑屑如此分疏；但承相爱之厚，千里差人远及，谆谆下问，而竟虚来意，又自不能已于言也。然直戆烦缕已甚，恃在信爱，当不为罪。惟濬处及谦之[①]、崇一处，各得转录一通寄视之，尤承一体之好也。

右南大吉录。

【老刘说】

阳明先生说：“文蔚，你对‘尊德性而道问学’这部分的理解是非常准确的，已经达到了‘一’的程度，这里‘一’指的是‘惟精惟一’的‘一’，对此不必再有什么疑惑。别人也可能会有些不同的理解，那只是因为良知之中还有微小的蔽障。去掉这些蔽障，自然就洞明了。”

“尊德性而道问学”在前面的132节已讲过，为了便于大家理解，再讲一

① 谦之：邹守益（1491—1562），字谦之，号东廓。江西安福人，正德六年（1511）授翰林编修。大礼议忤旨下狱，谪判广德州，建书院讲学，后升南京国子祭酒。旋落职闲居四十一年，讲学不休。卒谥文庄。

下。此句出自《中庸》："故君子尊德性而道问学，致广大而尽精微，极高明而道中庸"。郑玄注："德性，谓性至诚者；道，犹由也；问学，学诚者。""德性"的本质是"至诚"；"道"是取径、道路；"问学"是指人通过学的途径达到"诚"的境界。

何谓"诚"？《孟子·离娄上》曰："诚者，天之道也。"《中庸》解"诚"也说："诚者，天之道也；诚之者，人之道也。诚者，不勉而中，不思而得，从容中道，圣人也。""诚"既然是"天之道"，是"性之德"，那也就是说，"诚"是人的天赋之"德"。因此，所谓的"德性"就是指人不学而能、无须"外求"、与生俱来的"本能"和"天性"。

"君子尊德性而道问学"，这个"而"字，在古汉语中本义为"须发"之"须"，引申而用作语气助词或连词。段玉裁《说文解字》："而，须也。"

就"尊德性""道问学"二者的关系而言，阳明先生完全承接陆九渊先生的思想，认为"道问学"只是手段，"尊德性"才是目的，所谓"道问学即所以尊德性"是也。阳明断然谓"德性之良知，非由于见闻见"，"德性岂可以外求哉?"

"学问"无非是在入世治世的人情事变中做到合道而行。"学问"如果只是停留在"才高八斗、学富五车""上下五千年、纵横八万里"都知道的层面，是算不上真学问的。梁启超先生说过，两脚书橱是没实际意义的。

在这封信的结尾，阳明先生说"已作书后，移卧檐间，偶遇无事，遂复答此"，意思是："写完这封信后，我到屋檐下躺着休息，恰好没什么事情，就又补写了这几句话。"看到这十六个字的时候，笔者的心情是很沉重的。这封信是阳明先生的绝笔，写完这封信之后一个多月，阳明先生就故去了。这个时候，先生的身体已经非常差了，自知时日无多，心中牵挂的事情是心学能不能传承下去，能不能发扬光大，能不能真的泽被众生。阳明先生以天下为己任的一身浩然正气，吾辈只能膜拜和仰视。

在这封信的最后，阳明先生嘱咐聂文蔚看完这封信之后，给陈九川、邹守益、欧阳崇一看一下，互相之间有个交流。

这个时候的阳明先生，已经名满天下，而且德高望重。他开宗立派创立"阳明心学"。史书上评价他"终明之世，文臣用兵制胜，未有如守仁者也"。即使这样，阳明先生依旧是一位谦谦君子。这一点非常值得我们终身学习，时时自勉。

训蒙大意示教读刘伯颂等

【173】
心学儿童教育总纲

【原文】

古之教者，教以人伦，后世记诵词章之习起，而先王之教亡。今教童子，惟当以孝、弟、忠、信、礼、义、廉、耻为专务；其栽培涵养之方，则宜诱之歌诗以发其志意，导之习礼以肃其威仪，讽之读书以开其知觉。今人往往以歌诗、习礼为不切时务，此皆末俗庸鄙之见，乌足以知古人立教之意哉！

大抵童子之情，乐嬉游而惮拘检，如草木之始萌芽，舒畅之则条达，摧挠之则衰痿；今教童子必使其趋向鼓舞，中心喜悦，则其进自不能已：譬之时雨春风，沾被卉木，莫不萌动发越，自然日长月化；若冰霜剥落，则生意萧索，日就枯槁矣。

故凡诱之歌诗者，非但发其志意而已，亦所以泄其跳号呼啸于咏歌，宣其幽抑结滞于音节也；导之习礼者，非但肃其威仪而已，亦所以周旋揖让而动荡其血脉，拜起屈伸而固束其筋骸也；讽之读书者，非但开其知觉而已，亦所以沈潜反复而存其心，抑扬讽诵以宣其志也；凡此皆所以顺导其志意，调理其性情，潜消其鄙吝，默化其粗顽，日使之渐于礼义而不苦其难，入于中和而不知其故，是盖先王立教之微意也。

【老刘说】

阳明先生在龙场这个地方是做了很多实事的，比如说兴办社学。社学是官立的用于启蒙的一种教育组织形式，始创于元代，至清末而终结，和现在的乡村小学差不多。正德十三年（1518），王阳明在平定江西南部暴动后，认为“民风不善，由于教化不明”。于是颁令，要求南赣所属各县“父老子弟，互相戒勉，兴立社学，延师教子，歌诗习礼”，并颁行《社学教条》，使江西社学又得到一次大的发展。

为人师表是一件非常非常需要慎重和责任心的事情。很多人出来讲课，觉得讲课成功就会万众瞩目，觉得讲得高潮迭起，能带动台下人的情绪，能被很多人仰视崇拜，就是成功了，这实际是好名之心作祟。

为儒者是不可以这样的，心头先要有个警醒，自己讲的一句话很可能会影响别人一辈子，是责任重大的事情，不得不慎，讲学要有一种如临深渊、如履薄冰、慎之又慎、唯恐误人子弟的态度才可以。阳明先生在龙场办社学，就是这样做的，所以在临行前晓喻赣南各县父老乡亲。

这篇文告的题目是：训蒙大意示教读刘伯颂等。“蒙”字，来自《易经》的蒙卦。孔颖达疏：“蒙，谓蒙稚，卑小之称。”训蒙的意思就是教幼童，换句话说，就是教穿开裆裤的小朋友。“教读”指教书，刘伯颂这个人在史书上没有什么记载。

圣王时代的教育，教的是做人的道理，教的是如何处理五伦关系。后世兴起了记诵辞章的风气，以前好的教育方式就逐渐消失在历史的长河里了。开办社学的教育核心，重点应该在孝、悌、忠、信、礼、义、廉、耻这八个要素上。这句话是这篇文告的总纲。

处理五伦关系，是教人在人伦中如何待人接物，在社会体系中如何定位自己。人是具有社会性的，入世治世都必须应对人情事变，这对于每个人来说都是非常重要的。如果一个人连基本的人情世故都不通，一辈子难免坎坷波折不断。

人在社会中，不断在扮演各种社会角色。在单位里是领导的下属，要以下属的本分做事；面对自己的下属，要有当领导的担当，要做好决策；回到家里，面对爱人的时候，是丈夫（妻子）的角色；对双亲是为人子的角色；

面对孩子是为人父（母）的角色。凡世事练达者，都是具备圆融切换能力的。对于对世界懵懵懂懂的小孩子来说，这些东西是需要有人教导的。技能性的东西，什么时候学习都不算晚，但如果不能和周边人相处融洽，掣肘的事情就会很多，会消耗本来就不多的人生资源，得不偿失。教孩子把五伦关系处理好，做人要知道孝、悌、忠、信、礼、义、廉、耻，这是建立三观最根本的东西，一个人如果没有廉耻，是很可怕的。

具体的教育方法，有三个方面：用歌诗的方式陶冶情操，潜移默化地引导学生的心智方向，促进学生形成自己的三观；通过学习礼仪，培养仪容仪表等，让学生搞清楚五伦关系的层次和秩序，以及基本的做人尊严和廉耻；劝告学生读书，以启发学生的觉知，通过博闻强识，提高对世界的认知能力。现在的人往往觉得学习歌诗、学习礼仪不切实用，这都是因为认知水平太低，只看眼前的庸俗浅见，哪里知道古人教育方式的深意呢?

小孩子喜欢嬉戏玩乐，不喜欢被约束拘禁，这是天性。就像春天草木刚发芽，喜欢有阳光雨露，在风和日丽中舒展通畅成长。最怕霜雪摧残，一旦碰到霜冻，就会萎靡不振。

教育孩子时，尽量让孩子受到鼓舞，心中喜悦，如沐春风。

当然，这个生长不是由着性子来的，必要的修剪还是要有的。儿童教育要以正向引导为主，惩戒为辅，但不能没有惩戒。“熊孩子”现象是因为家长只听一面的道理，只做了释放天性、快乐学习的事情，结果孩子由着性子来了。这种疯长的结果不是成材，而是长成劈柴，做不得栋梁，只能烧火做饭。

儒家六经《诗》《书》《礼》《易》《乐》《春秋》,《诗经》中的诗，都是可以唱出来的。《论语・为政》说“《诗》三百，一言以蔽之，曰：‘思无邪’。”“思无邪”就是没有遮蔽的七情展现，纯粹的感情洋溢而出，不掺杂私欲，是一种自然通透的东西。比如李白的《将进酒》，一腔豪气冲天而发，如果没有这种“思无邪”的自然通透，是算不上好诗歌的。在教育儿童这个范畴，歌诗有两个作用：一是陶冶情操，就是发其志意；二是在蹿跳呼叫的时候，气血流动起来，使精气神从内到外显现出来。

教导孩子学习礼仪，不仅仅是让他们有不俗的仪表，也是为了让他们在揖让行礼当中活动血脉，在叩拜屈伸的运动中强健筋骨，更重要的是让他们在礼仪中懂得社会之则，做一个懂得规范自己言行，愿意让别人接纳和交往的人。因此，学习礼仪，对一个人以后步入社会是有巨大裨益的。

“讽之读书”中的“讽”是指含蓄地劝告的意思，有别于强制、逼迫。让孩子在读书中找到乐趣，在反复阅读文字的过程中修心养性，在抑扬顿挫的诵读中逐渐知晓并确立自己的志向，这些都非常重要。“宣”在这里是“明白通达”的意思，和中医里“宣肺”的“宣”意思差不多。“宣肺”是指宣通郁闭的肺气，使之正常运行。

这些都是通过因势利导的方式来导正孩子的心志和意向的，在潜移默化中去除对孩子成长不利的东西，让孩子在不知不觉中自然而然地走上成才之路。

教育本来就是一件润物细无声的事情。这个方面古代教育是有独到之处的。比如《千字文》，展开来讲是非常有趣的，对孩子讲讲“天地玄黄”究竟是什么，刚好可以满足孩子的好奇心和探索欲。孩子不知道如何和别人打交道，最好用《论语》中的故事来教导孩子，像孔子的诸位弟子就是活生生的例子。

顺其自然引导，顺着人性合道而行，在自然而然中通过各种方式潜移默化地把孩子教育成才，正是古圣先贤立教的根本。

【原文】

若近世之训蒙稚者，日惟督以句读课仿，责其检束而不知导之以礼，求其聪明而不知养之以善，鞭挞绳缚，若待拘囚。彼视学舍如囹狱而不肯入，视师长如寇仇而不欲见，窥避掩覆以遂其嬉游，设诈饰诡以肆其顽鄙，偷薄庸劣，日趋下流。是盖驱之于恶而求其为善也，何可得乎！

凡吾所以教，其意实在于此，恐时俗不察，视以为迂，且吾亦将去，故特叮咛以告。尔诸教读，其务体吾意，永以为训，毋辄因时俗之言，改废其绳墨，庶成“蒙以养正”① 之功矣，念之念之。

【老刘说】

现在有些做老师的人，不懂得如何教育孩子，每天只知道逼迫孩子在断

① 语出《周易·易经上·蒙》，意为应当培养儿童纯正的品质。

句和模仿文法上用功，只知道约束，不知道因材施教，只希望孩子聪明却不知道培养孩子向善而行的心性，对孩子肆意体罚，就像对待囚犯一样。

这类为人师表的人，是不合格的。教育方式简单粗暴，课文不会背，打；字写不好，打；敢质疑，打。这类人往往是自己没做过父母，对孩子没概念，不懂孩子的所思所想，自身又比较懒惰。他们简单粗暴只是为了省事，不想花太多心思。

结果是孩子把学校当作监狱不肯去，把师长当作仇敌不想见，上学的心情和上坟差不多，就更别提什么顺应天性成长了。为了应对这种境遇，孩子会学着表里不一，撒谎捣蛋，放纵自己天性顽劣的一面。教育的结果就适得其反了。教育本身是希望孩子向善的，结果却引导出人性中不好的一面，岂不是南辕北辙?

教育的根本是让孩子成年之后，有一个正向的三观，可以应对社会的种种境遇，而不是把学技术或知识放在首要位置。一个人心不正，越聪明，技术越好，可能造成的危害就越大，对社会来说，并不是什么好事。

阳明先生最后总结说：“以上这些，是我的教育观点，唯恐世人不能理解，将这些观点看作迂腐之见，在离开这个地方之前，特意叮咛你们这些为人师表的人，希望你们务必要体察我的深意，记住教育孩子的根本要则。不要因为别人的言论就更改根本要则。这就是《易经》中‘蒙以养正’的功效了！切记切记!”

解释一下“蒙以养正”：

▅▅▅▅▅上九：击蒙。不利为寇，利御寇。

▅▅ ▅▅六五：童蒙，吉。

▅▅ ▅▅六四：困蒙，吝。

▅▅ ▅▅六三：勿用取女，见金夫不有躬。无攸利。

▅▅▅▅▅九二：包蒙吉。纳妇吉，子克家。

▅▅ ▅▅初六：发蒙。利用刑人，用说桎梏。以往吝。

蒙卦卦象是上山下水，艮为山，坎为泉，山下出泉。泉水始流出山，则必将渐汇成江河，正如蒙稚渐启，又山下有险，因为有险停滞不前，所以蒙昧不明。蒙卦象征事物始生后的蒙昧状态，寓意教育要从儿童抓起。

上面的山代表学生，下面的水代表老师。象征施教与受教双方在教育过程中的微妙关系，强调施教要适当，求学要主动的教育观念。教育的成功，应该是施教双方共同努力的结果。蒙卦上卦说的是学习者，下卦说的是为师者。

初六爻辞："发蒙。利用刑人，用说桎梏。以往吝。""刑"字通"型"，"发蒙。利用刑人"意思是说话做事言行一致，身教胜于言教；"用说桎梏"是为师者要先把自己的框框解开，因材施教，不可食古不化；"以往吝"是指做老师的人，不能太急于求成。急于求成，就会让别人怀疑你的目的，反而不利于教育的实施。

九二爻辞："包蒙吉。纳妇吉，子克家。""包蒙"是说，老师周围被很多懵懵懂懂的人包围，向他请教学习，老师要严厉，也要有亲和力；"纳妇吉"是说，就像家里面讨了一个好媳妇，全家都有福了，这当然是吉祥的事情了；"子克家"，"克"的意思是"克治"或"治理"，比喻能把家教传承下去，这是最好的老师。

六三爻辞："勿用取女，见金夫不有躬。无攸利。""勿用取女"意思是，不能娶口气很严厉的女孩子，比喻不能跟这种老师学，他会误人子弟的；"见金夫不有躬"，意思是看到有钱的人，他就忘记自己是谁了；"无攸利"的意思是这种老师早晚会倒霉，因为为人师表的本分已经失掉了。

六四爻辞："困蒙，吝。"一个人老觉得自己什么都懂了，是"困蒙"；老觉得自己什么都不懂，也是"困蒙"。"困蒙"是个混沌的状态，困在中间，心里是迷茫的，不知何去何从，所以是个"吝"的状态。

六五爻辞："童蒙，吉。"蒙才是好事，自然就是吉利了。

上九爻辞："击蒙。不利为寇，利御寇。""击蒙"意思是惩戒；"不利为寇，利御寇"是指惩戒的标准、方式、时机、态度一定要合理，所谓"责之深，爱之切"，惩戒是为了突破蒙昧，要分清手段和目的。蒙以养正，蒙学是养正的功夫。千叮咛万嘱咐，教育孩子的核心只有一个，就是养正，离开这个正字之后，整个教学不管怎么做，都会教偏的。

在这段关于儿童教育的文章中，阳明先生从心学的角度出发，以讲人学为首要，阐述了如何尊重人性规律，按照人性规则，去培养顺天应理的人，这正是"致良知"在教育领域的大用。

教　约

【174】
一天之计在于晨

【原文】

每日清晨，诸生参揖毕，教读以次，偏询诸生，在家所以爱亲敬长之心，得无懈忽未能真切否？温凊定省之仪，得无亏缺未能实践否？往来街衢步趋礼节，得无放荡未能谨饬否？一应言行心术，得无欺妄非僻未能忠信笃敬否？诸童子务要各以实对，有则改之，无则加勉。教读复随时就事，曲加诲谕开发，然后各退就席肄业。

【老刘说】

这篇《教约》是对社学中的日常教学活动流程做出要求。

每日清晨，师生第一次见面，学生要向老师参拜行礼，老师要依次询问每个学生如下问题：在家有没有时时刻刻做到爱亲敬长，是否做到没有懈怠，真心诚意？温凊定省是否做到，是否真心反省过存在欠妥的地方？行止语默的仪容仪表是否妥当，能否时时保持谨慎持重？内心起心动念有没有欺妄邪念，是否做到了忠信笃敬？各位童子务必要据实回答，有则改之，无则加勉。教师依据具体情况做出点评，因势利导，然后让学生们回到各自的位置上开始当天的学习。

儒学说“三省吾身”，古代教育从蒙学阶段就很注重培养这个习惯。现在教育在这个方面就要差一些，当天提问往往是问作业做了没、课文背了没……都是些知识性和急功近利性的东西。根本的东西不讲，很容易培养出一些高智商高技能的“社会危险品”。

儒学讲“不愤不启，不悱不发”，意思是学生只有自己想要弄明白的时候，才去开导他，才去启发他。教师询问这些与学生息息相关的事情，就是为了通过这些事情启发引导孩子深入思考，通过自己思考得来的东西是更容易接受的。

急功近利、轻视根本的填鸭式教育，很容易导致很多人虽然读了十几年书，但进入社会后在待人接物方面什么都不懂。

在百度里面输入关键词“博士自杀”然后搜索，找到相关网页约5，560，000篇；输入关键词“博导自杀”然后搜索，找到相关网页约3，270，000篇；输入关键词“教授自杀”然后搜索，找到相关网页约6，040，000篇；输入关键词“大学生自杀”然后搜索，找到相关网页约12，900，000篇；输入关键词“自杀”然后搜索，找到相关网页约50，400，000篇；输入关键词“抑郁症”然后搜索，找到相关网页约33，400，000篇。这些触目惊心的数字，都与心性修养有直接关系，学好心学的人，能坦然面对真相，接受真相，把人生当成一次用户体验。心态平和最直接的好处就是会拥有很好的睡眠质量，不会得抑郁症。

【175】
歌诗细则

【原文】

凡歌诗，须要整容定气，清朗其声音，均审其节调，毋躁而急，毋荡而嚣，毋馁而慑，久则精神宣畅，心气和平矣。每学量童生多寡，分为四班。每日轮一班歌诗，其余皆就席敛容肃听，每五日，则总四班递歌于本学。每朔望，集各学会歌于书院。

【老刘说】

“歌诗”和“诗歌”不是一回事，这里说一下。中国古代诗歌从产生之日起就是声诗，即有乐声乐感的、可以吟诵和歌唱的诗句的组合。中国古代学诗、讲诗、传诗的方式又有声诗、歌诗、乐诗、诵诗、吟诗等。

“歌诗”是指无乐声伴奏的清唱之诗，《诗经》里的“风”多为歌诗。乐诗实际上也是声诗，只不过更强调要合于乐器之声，同时也含有雅诗之意，与民间信口而唱的歌谣相区别，如《廉颇蔺相如列传》里赵王弹瑟唱的歌是高雅的乐诗，秦王击缶唱的信天游是土俗的民歌。

歌诗的时候，仪式感非常重要，所有师生要端庄肃穆，重视仪容仪表，精神饱满，发音要清晰洪亮，节律有致，不能急躁，也不能心不在焉。这样坚持久了，就会气机流畅，心气平和。

每个社学，根据学生的多少分为四个班，每天轮换歌诗，其余的学生做观众，听的时候要庄严肃穆，心有敬畏。唱诗每五天一个循环，第五天集中四个班轮流歌诗，每月的初一、十五各校各社学在书院集中歌诗。

歌诗这个事情，大家可以想象一下基督教教堂里唱诗班演唱的情景，意思差不多。

【176】
习礼细则

【原文】

凡习礼须要澄心肃虑，审其仪节，度其容止，毋忽而惰，毋沮而怍，毋径而野，从容而不失之迂缓，修谨而不失之拘局。久则体貌习熟，德性坚定矣。童生班次皆如歌诗，每间一日，则轮一班习礼，其余皆就席敛容肃观。习礼之日，免其课仿。每十日则总四班递习于本学。每朔望，则集各学会习于书院。

【老刘说】

“习”的繁体字是“習”，本意是小鸟反复地试飞。这里有两层意思：一是“学”的意思；二是指学后再温熟，即反复地学，使之熟练。

“礼”通天理的“理”，天理是抽象的，需要有具体的载体才能彰显出来。“礼”是贯穿整个人类社会的，《礼记》是专门说这个事情的。《左传·昭公二十五年》：“夫礼，天之经也，地之义也，民之行也。”可见“礼”在人类社会的重要地位。古代讲的九礼指的是“冠、婚、朝、聘、丧、祭、宾主、乡饮酒、军旅”。

《教约》对习礼做了具体要求，习礼的时候，要有庄重感，要先收束心猿意马，让心静下来，认真严肃，仔细审视细节，仪容举止要把持好，不可怠慢疏忽，不可偷懒，不可自以为会了就不认真温习，不可过于腼腆，要大大方方的，不可任性粗野，从容有气度又不要让人感觉磨磨蹭蹭拖泥带水，修持谨慎又不要让人感觉拘谨局促。

“澄”的本意是“让液体里的杂质沉下去”，这里是收束心猿意马，让心静下来的意思。

假以时日，举止仪表就会趋于熟练。习礼是发自内心，按照本该如此的天理循理而行的，外部的作止语默都应该是内心天理的彰显，“礼”能做到恰到好处，德性也就坚定了。

习礼的时间安排和歌诗是一样的，每天更换一班练习礼仪，习礼的日子，可以免去仿写的课程。每隔十天集中四个班轮流习礼，每月初一、十五各社学在书院集中习礼。

【177】
授书细则

【原文】

凡授书不在徒[①]多，但贵精熟。量其资禀，能二百字者止可授以一百字，常使精神力量有余，则无厌苦之患，而有自得之美。讽诵之际，务令专心一志，口诵心惟，字字句句紬绎反复，抑扬其音节，宽虚其心意，久则义礼浃洽，聪明日开矣。

【老刘说】

凡是讲课不要追求数量，而应该追求质量，切记贪多嚼不烂。要根据学生的具体情况，如果这个学生的学习极限是二百个字，建议只讲授一百个字，这样他才不会觉得疲惫，也就没有厌学怕苦的弊端。相反，会有学有所获的成就感。

读书的时候，尽量让学生专心致志。口中所诵和心中所想是统一的，不能是“小和尚念经——有口无心”。“紬绎”是理出头绪，举一反三的意思；“字字句句紬绎反复”是指在字字句句上都能做到脉络清晰，并有所延展。诵读的时候，让音节抑扬有致，心意宽广虚静。

这样做的时间久了，义理就会贯通，心智水平也会日渐增长。

---

① 徒：有“贪图”之意。

【178】
教约总纲

【原文】

每日工夫，先考德，次背书诵书，次习礼或作课仿，次复诵书、讲书，次歌诗。凡习礼歌诗之类，皆所以常存童子之心，使其乐习不倦，而无暇及于邪僻。教者知此，则知所施矣。虽然，此其大略也，神而明之，则存乎其人①。

【老刘说】

这一段是对《教约》的一个总结，每天做教学工作，要先考察品德，然后是背书诵书，再之后是习礼或课业练习，再接着又是诵读和讲解书，其后是歌诗。

习礼歌诗这类活动，是顺应童子的天性，来存养童子的心的，只有这样引导，学生才更容易主动学习，不会疲惫厌倦，抵触学习。童子的时间精力都被占用了，童子就无暇去沾染不好的东西了。

儿童教育的思想是因势利导、循循善诱。孩子如璞玉，教师就是琢玉的玉匠，要根据璞玉本身的纹理和特性谨慎下刀，不能着急，任何简单粗暴的教育方式都可能会扼杀孩子的天性，最后把孩子逼到与教育者初衷背道而驰的一端。

孩子的心智犹如一个容器，这个容器会随着孩子的成长而不断变大，我们需要不断清理出容器中的杂质，同时不断地向这个容器里加入干净的水，

---

① 《周易·系辞上》："神而明之，存乎其人。"

让容器保持满的状态。如果我们不始终把它填满，污水就有机可乘，想把流进容器的污水清出来不是一件容易的事情。合理安排孩子的时间，合理利用孩子的精力，做到劳逸结合，培养孩子一些好的业余爱好，让孩子在其中找到乐趣和成就感，旺盛的精力有地方发泄，恶习和污水自然就很难进来了。做教师的，能带孩子玩好，也是很大的本事。

阳明先生认为小孩太小的时候，是没有良知可致的。没有良知可致的意思不是说小孩子心里没良知，而是这个阶段心智还不够成熟，对世界处于懵懵懂懂的状态，对道德没有太多概念。这个实际情况让孩子很难自觉主动地向致良知这个方向靠拢，反而很容易被私欲诱惑误入歧途。这个时候，老师、家长对孩子的引导和教育就变得至关重要。

教育儿童的关键在于家长和教师本身的教育方式，要呵护好、开发好每个儿童天赋的“良知”，让“良知”像雨后春笋一样茁壮成长。家长和教师通过致自己的良知，正确引导儿童的良知健康生发，这样成长起来的儿童，自然就会将良知之学发扬光大，成为有用之材。“良知”通过代际传播而发扬流传，是生生不息的良性循环。